바로
바로

초등 **4**

필수

한자

바로
바로 초등 **4**
필수 **한자**

저 자 FL4U컨텐츠
발행인 고본화
발 행 반석북스
교재공급처 반석출판사
2024년 1월 15일 초판 1쇄 인쇄
2024년 1월 20일 초판 1쇄 발행
홈페이지 www.bansok.co.kr
이메일 bansok@bansok.co.kr
블로그 blog.naver.com/bansokbooks

07547 서울시 강서구 양천로 583. B동 1007호
(서울시 강서구 염창동 240-21번지 우림블루나인 비즈니스센터 B동 1007호)
대표전화 02) 2093-3399 **팩 스** 02) 2093-3393
출 판 부 02) 2093-3395 **영업부** 02) 2093-3396
등록번호 제315-2008-000033호

Copyright ⓒ FL4U컨텐츠

ISBN 978-89-7172-982-3 (63700)

바로
바로 초등 4
필수
한자

반석
북스

최근 사회가 디지털화 되어 감에 따라 학생들의 독서량이 줄어들고 있습니다. 독서량이 줄어드니 자연스럽게 학생들의 어휘력이 떨어지면서 기본적인 단어의 뜻을 모르거나 글을 읽고 의미를 파악하는 문해력이 떨어지면서 문제를 읽어도 이해하지 못하는 등의 문제가 생기게 됩니다.

이렇게 어휘력과 문해력이 떨어지는 현상은 학생들의 한자어에 대한 이해와도 관련이 있다고 할 수 있습니다. 한자어는 우리말의 약 70%를 차지하고 있으며 실제로 일상에서 자주 사용하는 단어들 대부분이 한자어인 경우가 많습니다. 한자어는 둘 이상의 한자를 조합한 단어이기 때문에 한자를 공부하면 그에 따른 많은 어휘를 배울 수 있고 처음 보는 어휘라도 한자를 통해 그 의미를 유추할 수 있습니다. 하지만 한자어를 구성하는 한자를 알지 못하면 해석에 한계가 생기게 되고 문해력도 떨어질 수 밖에 없게 됩니다. 그렇기 때문에 어렸을 때 한자를 학습하는 것은 아이들의 어휘력 향상과 학습에 많은 도움을 줄 수 있습니다.

이 책은 학년별로 익혀야 할 단어를 선별하여 단어의 뜻과 단어를 구성하는 한자를 함께 학습할 수 있도록 하였습니다. 또한 각 한자가 쓰이는 다른 예시 단어들을 추가하여 한자의 다양한 쓰임을 배우고 예문을 통해 단어가 문장에서 어떻게 쓰이는지 익힐 수 있도록 하여 어휘력과 문해력을 향상시킬 수 있도록 하였습니다.

이 책을 통해 한자를 처음 배우는 어린이나 입문자분들이 한자에 흥미를 가지고 한자를 쉽게 배울 수 있으면 좋겠습니다. 이 책이 한자를 학습하는 모든 분들께 도움이 되기를 바랍니다.

FL4U컨텐츠

목차

단어를 통한 한자 학습

평소에 자주 쓰는 단어의 뜻과 단어를 구성하는 한자를 익힐 수 있어 한자를 효과적으로 학습할 수 있습니다.
두 개의 한자로 이루어진 단어 60개를 수록하여 총 120개의 한자를 학습할 수 있습니다.

따라쓰기

획순과 부수를 참고하여 한자를 직접 따라 쓰면서 한자를 익힐 수 있도록 하였습니다.

어휘력

단원별 단어를 구성하는 한자가 쓰이는 다른 예시 단어를 각각 두 개씩 수록하여 다양한 단어를 배울 수 있어 어휘력을 향상시킬 수 있습니다.

문해력

학습한 단어가 문장에서 어떻게 쓰이는지 예문을 통해 배울 수 있어 문해력을 향상시킬 수 있습니다.

따라쓰고 문제 풀면서 배운 한자 복습

10개의 단원이 끝날 때마다 〈따라 쓰면서 복습〉, 〈문제 풀면서 복습〉, 〈마무리 퀴즈〉를 수록하여 앞에서 배운 한자를 복습할 수 있도록 하였습니다.

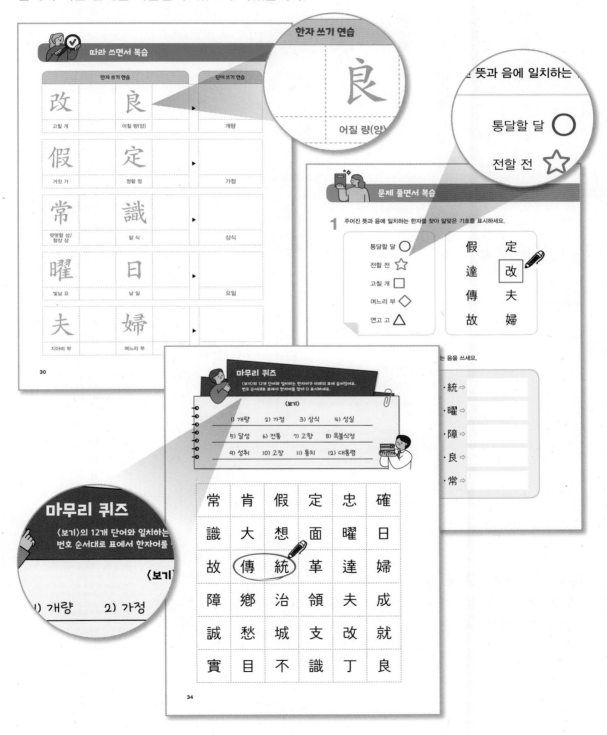

이 책의 특징

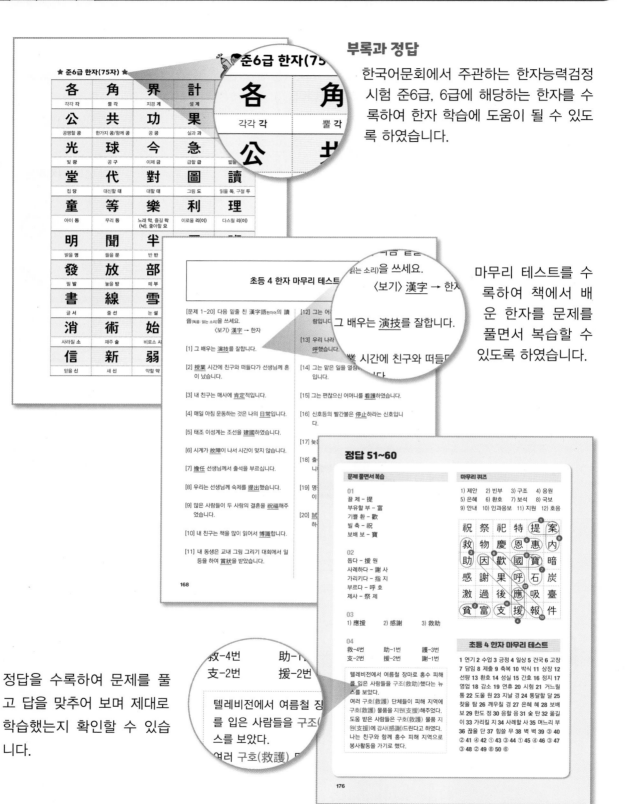

부록과 정답

한국어문회에서 주관하는 한자능력검정시험 준6급, 6급에 해당하는 한자를 수록하여 한자 학습에 도움이 될 수 있도록 하였습니다.

마무리 테스트를 수록하여 책에서 배운 한자를 문제를 풀면서 복습할 수 있도록 하였습니다.

정답을 수록하여 문제를 풀고 답을 맞추어 보며 제대로 학습했는지 확인할 수 있습니다.

01~10

이번 장에서 배울 내용입니다.
한자의 뜻과 음을 보고
단어의 의미를 유추해보세요.

改 良
고칠 개　어질 량(양)

常 識
떳떳할 상/
항상 상　알 식

夫 婦
지아비 부　며느리 부

達 成
통달할 달　이룰 성

傳 統
전할 전　거느릴 통

假 定
거짓 가　정할 정

曜 日
빛날 요　날 일

誠 實
정성 성　열매 실

故 鄕
연고 고　시골 향

障 壁
막을 장　벽 벽

01 개량

改 良

고칠 **개**

어질 **량(양)**

改良(개량): 좋지 않은 것을 보완하여 더 좋게 고침.

획순 ㄱ ㄱ ㄹ ㄹ ㄹ 改 改 改 　　　 **부수** 攵

改	改	改	改	改

획순 ㄱ ㄱ ㅋ ㅋ 艮 良 良 　　　 **부수** 艮

良	良	良	良	良

어휘력 改와 良이 포함된 단어는 또 무엇이 있을까요?

착할 **선**

改 善

개선: 잘못된 것이나 부족한 것 등을 더 좋게 만듦.

좋을 **호**

良 好

양호: 매우 괜찮음.

改 良

가죽 **혁**

改 革

개혁: 제도 등을 새롭게 고침.

착할 **선**

善 良

선량: 행동이나 성질이 어질고 착함.

문해력 改와 良이 포함된 단어는 문장에서 어떻게 쓰일까요?

우리는 회의 시간에 학습 환경을 <u>改善</u>하기 위한 방안에 대해 논의하였다.

그는 주변에 어려운 사람이 있으면 도와주는 <u>善良</u>한 사람이다.

假 定

거짓 가　　　　　정할 정

假定(가정): 사실인지 확실하지 않은 것을 사실이라고 임시로 인정함.

획순 ノ イ イ 们 仍 们 作 作 假 假 假　　**부수** イ

假	假	假	假	假

획순 丶 丷 宀 宀 宇 宇 定 定　　**부수** 宀

定	定	定	定	定

어휘력 假와 定이 포함된 단어는 또 무엇이 있을까요?

낮 면

假 面

가면: 얼굴을 감추거나 다르게 꾸미기 위해 얼굴에 쓰는 물건. 또는 속마음을 감추고 거짓으로 꾸미는 모습이나 태도.

즐길 긍

肯 定

긍정: 그러하거나 옳다고 인정함.

假 定

생각 상

假 想

가상: 사실이 아닌 것을 사실이라고 가정하여 생각함.

옳을 의

定 義

정의: 어떤 것의 뜻을 명백히 밝혀 규정함.

문해력 假와 定이 포함된 단어는 문장에서 어떻게 쓰일까요?

과학 기술의 발전으로 **假想**과 현실의 구분이 어려워졌다.

선생님은 숙제로 국어 시간에 배운 단어들의 사전적 **定義**를 찾아오라고 하셨다.

常 識

떳떳할 상/항상 상　　　알 식

常識(상식): 일반적으로 사람들이 알거나 알아야 하는 지식.

획순 丶 丷 丷 丷 些 些 常 常 常 常 常　　**부수** 巾

常	常	常	常	常

획순 丶 二 三 言 言 言 言 訁 訁 訁 訐 訐 諳 諳 諳 識 識 識　　**부수** 言

識	識	識	識	識

어휘력 常과 識이 포함된 단어는 또 무엇이 있을까요?

사람 **인**　갈 **지**　　　뜻 **정**

人 之 常 情

인지상정: 사람이면 가지는 일반적인 마음.

넓을 **박**

博 識

박식: 보고 듣고 배운 것이 많아 지식이 넓고 아는 것이 많음.

常 識

항상 **항**

恒 常

항상: 언제나.

눈 **목**　아닐 **부(불)**　　고무래 **정**

目 不 識 丁

목불식정: 쉬운 글자인 '丁'을 보고도 '고무래'인 줄 모른다는 뜻으로, 글자를 전혀 모름을 의미함.

* 목불식정(目不識丁)과 같은 의미의 속담으로 '낫 놓고 기역자도 모른다'가 있습니다.

문해력 常과 識이 포함된 단어는 문장에서 어떻게 쓰일까요?

신문을 매일 읽는 내 친구는 시사 **常識**을 많이 안다.

그는 과학책을 많이 읽어 과학에 **博識**하다.

04 요일

曜 日

빛날 요　　　　　　날 일

曜日(요일): 일주일의 각 날을 나타내는 말로
월, 화, 수, 목, 금, 토, 일 뒤에 붙어서 쓰임.

획순 丨冂日日日ᄀ日ᄀ日ᄀ日ᄏ日ᄏ日ᄏ日ᄏ日ᄏ日ᄏ日ᄏ日ᄏ日ᄏ日ᄏ曜　**부수** 日

曜	曜	曜	曜	曜

획순 丨冂月日　　　　　　**부수** 日

日	日	日	日	日

16

어휘력 曜와 日이 포함된 단어는 또 무엇이 있을까요?

달 **월**

月 曜 日

월요일: 한 주(週)가 시작되는 날.

떳떳할 **상**/항상 **상**

日 常

일상: 매일 반복되는 생활.

曜 日

日 曜 日

일요일: 월요일을 기준으로 했을 때 한 주(週)의 마지막 날.

나아갈 **취**　달 **월**　장수 **장**

日 就 月 將

일취월장: 날마다 또는 달마다 발전하거나 성장함.

문해력 曜와 日이 포함된 단어는 문장에서 어떻게 쓰일까요?

우리 가족은 <u>日曜日</u>마다 함께 등산을 간다.

☆ 요일(曜日) 앞에 월(月), 화(火), 수(水), 목(木), 금(金), 토(土), 일(日)을 붙여 무슨 요일인지 나타낼 수 있습니다.

그는 매일 태권도 훈련을 열심히 하여 실력이 <u>日就月將</u>하였다.

夫 婦

지아비 부　　　　　　　며느리 부

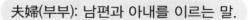

夫婦(부부): 남편과 아내를 이르는 말.

획순 一 二 丰 夫　　　　　　　**부수** 大

夫	夫	夫	夫	夫

획순 く 女 女 女ㄱ 女ㄱ 女ㄹ 女ㅋ 婦 婦 婦　**부수** 女

婦	婦	婦	婦	婦

어휘력 夫와 婦가 포함된 단어는 또 무엇이 있을까요?

클 대/큰 대   어른 **장**

大 丈 夫

대장부: 건장하고 씩씩한 남자.

임금 **주**

主 婦

주부: 한 가정의 살림을 맡아 하는 안주인.

夫 婦

부를 **창**   따를 **수**

夫 唱 婦 隨

부창부수: 남편이 주장하고 아내가 잘 따른다는 뜻으로, 부부간에 화합(和合)하는 도리를 의미함.

새 **신**

新 婦

신부: 이제 막 결혼했거나 결혼하는 여자.

문해력 夫와 婦가 포함된 단어는 문장에서 어떻게 쓰일까요?

그들은 결혼한 지 얼마 안 된 신혼**夫婦**이다.

우리 엄마는 집안의 살림을 맡아 하시는 **主婦**이시다.

誠 實

정성 **성**　　　　　　　열매 **실**

誠實(성실): 정성스럽고 참됨.

| 획순 | ` ﾉ ㅗ ㅗ ㅛ ㅛ 言 言 訁 訐 訪 訪 誠 誠 誠 | 부수 | 言 |

誠	誠	誠	誠	誠

| 획순 | ` ﾉ 宀 宀 宀 宀 宙 宙 宭 宭 宭 宭 實 實 | 부수 | 宀 |

實	實	實	實	實

어휘력 誠과 實이 포함된 단어는 또 무엇이 있을까요?

정할 **정**

精 誠

정성: 모든 힘을 다하는
성실한 마음.

굳을 **확**

確 實

확실: 틀림없이 그러함.

誠 實

충성 **충**

忠 誠

충성: 주로 임금이나 국가를 위하는
진심에서 우러나는 정성.

있을 **유** 이름 **명** 없을 **무**

有 名 無 實

유명무실: 이름만 있고 실상은 없다는 뜻으로,
이름은 그럴듯하지만 실속이 없음을 의미함.

문해력 誠과 實이 포함된 단어는 문장에서 어떻게 쓰일까요?

그는 자신이 맡은 일을 열심히 하는 **誠實**한 학생이다.

나는 값이 비싼 선물보다 **精誠**이 담긴 선물이 좋다.

달성

達 成

통달할 달   이룰 성

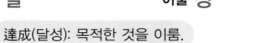

達成(달성): 목적한 것을 이룸.

획순	一 十 土 キ 去 去 坴 幸 幸 幸 達 達 達 達	부수	辶

達	達	達	達	達

획순	ノ 厂 厂 成 成 成 成	부수	戈

成	成	成	成	成

어휘력 達과 成이 포함된 단어는 또 무엇이 있을까요?

이를 도
到 達

도달: 목적이나 수준에
다다름.

클 대/큰 대　그릇 기　늦을 만
大 器 晚 成

대기만성: 큰 그릇은 늦게 만들어진다는 뜻으로,
크게 될 사람은 늦게 이루어짐을 의미함.

達 成

넉 사　통할 통　여덟 팔
四 通 八 達

사통팔달: 도로 등이 사방으로 통함.

나아갈 취
成 就

성취: 목적한 것을 이룸.

문해력 達과 成이 포함된 단어는 문장에서 어떻게 쓰일까요?

그는 이번 올림픽에서 금메달을 따겠다는 목표를 <u>達成</u>했다.

이 지역은 <u>四通八達</u>의 교통 요지이다.

故 鄕

연고 **고**

시골 **향**

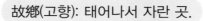

故鄕(고향): 태어나서 자란 곳.

획순 一 十 十 古 古 扗 妆 故 故 　**부수** 攵

故	故	故	故	故

획순 ⟨ ⟨ ⟨ ⟨ ⟨ ⟨ ⟨ ⟨ ⟨ ⟨ ⟨ 鄕 鄕 　**부수** 阝

鄕	鄕	鄕	鄕	鄕

어휘력 故와 鄕이 포함된 단어는 또 무엇이 있을까요?

뜻 **의**

故 意

고의: 일부러 하는
생각이나 행동.

비단 **금**　　옷 **의**　　돌아올 **환**

錦 衣 還 鄕

금의환향: 비단 옷을 입고 고향에 돌아온다는 뜻으로,
출세하여 고향에 돌아옴을 비유적으로 이르는 말.

故 鄕

대 **죽**　　말 **마**　　　　벗 **우**

竹 馬 故 友

죽마고우: 대나무로 만든 말을 타고 놀던 옛 친구라는
뜻으로, 어릴 때부터 친하게 지내며 자란 친구를 이르는 말.

근심 **수**

鄕 愁

향수: 고향을 그리워하는
마음이나 시름.

문해력 故와 鄕이 포함된 단어는 문장에서 어떻게 쓰일까요?

명절이 되면 기차역은 **故鄕**에 가려는 사람들로 북적인다.

외국으로 유학을 간 내 친구는 **故鄕**이 그리워 **鄕愁**병에 걸렸다.

☆ 향수병(鄕愁病)은 고향을 그리워하는 마음을 병(病)에 비유한 말입니다.

傳 統

전할 전   거느릴 통

傳統(전통): 어떤 집단이나 공동체에서 과거에 이루어져 전해 내려오는 사상이나 관습, 행동 등의 양식.

| 획순 丿 亻 亻 亻 亻 亻 亻 俥 俥 俥 傳 傳 傳 | 부수 亻 |

傳	傳	傳	傳	傳

| 획순 丶 乡 乡 乡 乡 糸 糸 糸 糸 紵 統 | 부수 糸 |

統	統	統	統	統

어휘력 傳과 統이 포함된 단어는 또 무엇이 있을까요?

통달할 **달**

傳 達

전달: 지시나 명령 또는 물건 등을
사람이나 기관 등에 전해 이르게 함.

클 대/큰 대　　거느릴 **령(영)**

大 統 領

대통령: 공화국의 최고 지도자로 국가를
대표하는 국가의 원수.

傳 統

아버지 **부**　　아들 **자**

父 傳 子 傳

부전자전: 아들의 성격이나 생활 습관 등이
아버지에게 물려받은 것처럼 비슷함.

다스릴 **치**

統 治

통치: 나라나 지역을
다스림.

문해력 傳과 統이 포함된 단어는 문장에서 어떻게 쓰일까요?

나는 외국 친구에게 우리나라 <u>傳統</u>문화를 소개해주었다.

우리나라 <u>大統領</u>의 임기는 5년이다.

장벽

障 壁

막을 장 벽 벽

障壁(장벽): 넘어서 드나들 수 없게 가리어 막은 벽.

획순  ` ⁷ ⻖ ⻖ ⻖ ⻖ ⻖ 陪 陪 陪 陪 障 **부수** ⻖

障 障 障 障 障

획순 ⁷ ⁷ ⼫ ⼫ 尼 尼 启 启 启 启 辟 辟 辟 辟 壁 壁 **부수** 土

壁 壁 壁 壁 壁

어휘력 障과 壁이 포함된 단어는 또 무엇이 있을까요?

연고 **고**

故 障

고장: 기계나 기구 등이 제대로 작동하지 않는 상태.

재 **성**

城 壁

성벽: 성곽의 벽.

障 壁

지탱할 **지**

支 障

지장: 어떤 일을 하는 데 방해가 되는 장애.

바위 **암**

巖 壁

암벽: 깎아지른 듯 높이 벽처럼 솟은 바위.

문해력 障과 壁이 포함된 단어는 문장에서 어떻게 쓰일까요?

독일 분단의 상징이었던 베를린 **障壁**은 1989년에 붕괴되었다.

나는 컴퓨터가 **故障**나는 바람에 과제를 할 수가 없었다.

한자 쓰기 연습				단어 쓰기 연습
改 고칠 개		良 어질 량(양)	▶	개량
假 거짓 가		定 정할 정	▶	가정
常 떳떳할 상/ 항상 상		識 알 식	▶	상식
曜 빛날 요		日 날 일	▶	요일
夫 지아비 부		婦 며느리 부	▶	부부

한자 쓰기 연습				단어 쓰기 연습
誠 정성 성		實 열매 실	▶	성실
達 통달할 달		成 이룰 성	▶	달성
故 연고 고		鄉 시골 향	▶	고향
傳 전할 전		統 거느릴 통	▶	전통
障 막을 장		壁 벽 벽	▶	장벽

1 주어진 뜻과 음에 일치하는 한자를 찾아 알맞은 기호를 표시하세요.

통달할 달 ◯

전할 전 ☆

고칠 개 ☐

며느리 부 ◇

연고 고 △

假　　定

達　改

傳　夫

故　婦

2 주어진 뜻과 한자를 연결하고 한자에 맞는 음을 쓰세요.

항상 •　　•統 ⇨

막다 •　　•曜 ⇨

거느리다 •　　•障 ⇨

빛나다 •　　•良 ⇨

어질다 •　　•常 ⇨

3 주어진 뜻과 어울리는 한자어에 O 표시하세요.

1) 정성스럽고 참됨.　　　　　　　　　　　改良 / 誠實

2) 일반적으로 사람들이 알거나 알아야 하는 지식.　常識 / 達成

3) 태어나서 자란 곳.　　　　　　　　　　　傳統 / 故鄕

4 다음 글을 읽고 주어진 한자가 각각 몇 번 나왔는지 그 횟수를 쓰세요.

우리 가족은 일요일에 다같이 등산을 간다.

동생은 항상 가기 싫다고 떼를 쓴다.

산에는 암벽을 타는 사람들도 있었는데 나에게는

위험해 보였다.

산에 오를 때는 힘들지만 정상에 도달하면

성취감이 들어서 기분이 좋다.

日 ····· ○
曜 ····· ○
常 ····· ○
壁 ····· ○
達 ····· ○
就 ····· ○

〈보기〉의 12개 단어와 일치하는 한자어가 아래의 표에 숨어있어요.
번호 순서대로 표에서 한자어를 찾아 O 표시하세요.

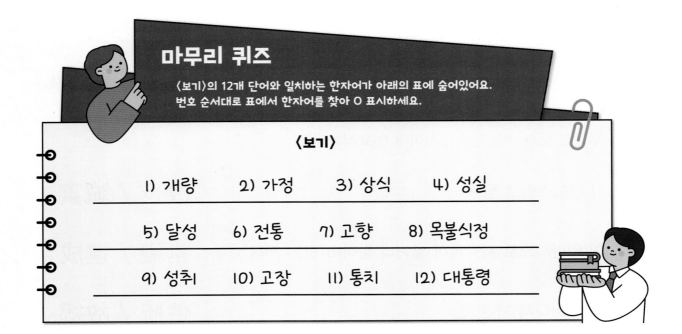

〈보기〉

1) 개량	2) 가정	3) 상식	4) 성실
5) 달성	6) 전통	7) 고향	8) 목불식정
9) 성취	10) 고장	11) 통치	12) 대통령

常	肯	假	定	忠	確
識	大	想	面	曜	日
故	傳	統	革	達	婦
障	鄕	治	領	夫	成
誠	愁	城	支	改	就
實	目	不	識	丁	良

11~20

이번 장에서 배울 내용입니다.
한자의 뜻과 음을 보고
단어의 의미를 유추해보세요.

建 議
세울 건　의논할 의

準 備
준할 준　갖출 비

論 理
논할 론(논)　다스릴 리(이)

調 査
고를 조　조사할 사

凶 年
흉할 흉　해 년(연)

決 斷
결단할 결　끊을 단

確 認
굳을 확　알 인

檢 討
검사할 검　칠 토

賞 罰
상줄 상　벌할 벌

寒 冷
찰 한　찰 랭(냉)

建議

세울 건   의논할 의

建議(건의): 의견이나 희망사항을 말함.

획순 ㄱ ㄱ ㅋ ㅋ ㅋ ㅋ 聿 律 建 建   부수 廴

建 建 建 建 建

획순 ` 亠 亠 言 言 言 言 言 言 詳 詳 詳 詳 詳 譯 議 議 議   부수 言

議 議 議 議 議

어휘력 建과 議가 포함된 단어는 또 무엇이 있을까요?

나라 **국**

建 國

건국: 나라를 세움.

모일 **회**

會 議

회의: 여러 사람이 모여
의논함.

建 議

물건 **물**

建 物

건물: 사람이 생활하거나 물건을 넣어
두기 위해 지은 집을 모두 이르는 말.

논할 **론(논)**

議 論

의논: 어떤 일에 대해
의견을 주고받음.

문해력 建과 議가 포함된 단어는 문장에서 어떻게 쓰일까요?

그는 학교에 오래된 컴퓨터를 교체해줄 것을 <u>建議</u>하였다.

우리 학교 <u>建物</u>은 오래되고 낡아서 보수 공사가 필요하다.

결단

決 斷

결단할 결

끊을 단

決斷(결단): 결정하여 판단함.

| 획순 | ` ` ` ⺡ ⺡ 冫 决 决 | | | 부수 冫 |

| 決 | 決 | 決 | 決 | 決 |

| 획순 | ` ⺀ ⺀ ⺀ ⺀ 幺 ⺀⺀ ⺀⺀ ⺀⺀ ⺀⺀ ⺀⺀ 丝 斷 ⺀⺀ 斷 斷 斷 | | | 부수 斤 |

| 斷 | 斷 | 斷 | 斷 | 斷 |

어휘력 決과 斷이 포함된 단어는 또 무엇이 있을까요?

마음 **심**

決 心

결심: 어떻게 하기로
마음을 정함.

없을 **무**

無 斷

무단: 사전에 연락이나 허락 없이
함부로 행동함.

決 斷

풀 **해**

解 決

해결: 문제를 풀거나 잘
처리함.

생각 **념(염)**

斷 念

단념: 품었던 생각을 끊어
버림.

문해력 決과 斷이 포함된 단어는 문장에서 어떻게 쓰일까요?

그는 매일 아침 운동을 하기로 **決心**하였다.

내 친구는 교통사고가 날 뻔한 이후로 **無斷** 횡단을 하지 않는다.

準備

준할 준   갖출 비

準備(준비): 필요한 것을 미리 마련하여 갖춤.

| 획순 | ` ` 氵 氵 氵 浐 浐 泞 浐 浐 淮 準 準 準 | | | | 부수 | 氵 |

準	準	準	準	準

| 획순 | ノ 亻 亻 亻 仁 亻 仵 仵 備 備 備 備 | | | | 부수 | 亻 |

備	備	備	備	備

어휘력 準과 備가 포함된 단어는 또 무엇이 있을까요?

물 **수**

水 準

수준: 사물의 가치나 품질 등에 대한 일정한 표준이나 정도.

대할 **대**

對 備

대비: 어떤 일에 대응하여 미리 준비함.

準 備

터 **기**

基 準

기준: 기본이 되는 표준.

있을 **유**　　없을 **무**　근심 **환**

有 備 無 患

유비무환: 준비가 있으면 근심이 없다는 뜻으로, 미리 준비가 되어 있으면 걱정할 것이 없음을 의미함.

문해력 準과 備가 포함된 단어는 문장에서 어떻게 쓰일까요?

나는 내일 수업시간에 필요한 **準備**물을 챙겼다.

만일에 **對備**하여 여행을 갈 때는 비상약을 가지고 가는 것이 좋다.

確 認

굳을 확 　　　　알 인

認(확인): 확실히 그러한지 알아보거나 인정함.

획순	一 ア ス 石 石 石 矿 矿 矿 矿 矿 碓 碓 確 確	부수	石

確	確	確	確	確

획순	、 亠 亠 亖 言 言 言 訁 訒 認 認 認 認 認	부수	言

認	認	認	認	認

어휘력 確과 認이 포함된 단어는 또 무엇이 있을까요?

바를 정
正 確

정확: 바르고 확실함.

알 식
認 識

인식: 사물을 분별하고 판단하여 아는 것.

確 認

믿을 신
確 信

확신: 굳게 믿음.
또는 굳게 믿는 마음.

정할 정
認 定

인정: 확실히 그렇다고 여김.

문해력 確과 認이 포함된 단어는 문장에서 어떻게 쓰일까요?

그는 암산으로 물건의 값을 <u>正確</u>하게 계산한다.

다문화 가정에 대한 사회 <u>認識</u>이 점차 개선되고 있다.

論 理

논할 론(논)   다스릴 리(이)

論理(논리): 생각이나 추론 등을 이치에 맞게 전개하는 과정이나 원리.

| 획순 | ` ㄴ ㅗ ㅗ 言 言 言 訇 訡 訡 訡 論 論 論 論 | 부수 | 言 |

論 | 論 | 論 | 論 | 論

| 획순 | ˉ ˉ ㅜ ㅜ 王 玎 玏 理 玾 理 理 | 부수 | 王 |

理 | 理 | 理 | 理 | 理

어휘력 論과 理가 포함된 단어는 또 무엇이 있을까요?

맺을 **결**

結 論

결론: 맨 마지막으로 판단을 내림. 또는 말이나 글의 마지막에 마무리 짓는 부분.

풀 **해**

理 解

이해: 깨달아 알거나 잘 알아들음.

論 理

높을 **탁**　윗 **상**　빌 **공**

卓 上 空 論

탁상공론: 탁자 위에서 펼치는 헛된 논설이라는 뜻으로, 현실성 없는 허황된 논의를 의미함.

가지런할 **정**

整 理

정리: 흐트러진 것을 질서 있게 가지런히 함.

문해력 論과 理가 포함된 단어는 문장에서 어떻게 쓰일까요?

그의 주장은 __論理__적이어서 설득력이 있다.

우리 선생님은 학생들이 __理解__하기 쉽게 설명을 잘해주신다.

檢 討

검사할 검   칠 토

檢討(검토): 어떤 사실이나 내용을 충분히 살피고 분석하여 따짐.

획순 一十才才术杦杦柃柃柃梌梌梌梌梌梌梌檢 부수 木

檢　檢　檢　檢　檢

획순 ` 二 亠 言 言 言 言 言 計 討 討 부수 言

討　討　討　討　討

어휘력 檢과 討가 포함된 단어는 또 무엇이 있을까요?

증거 **증**

檢 證

검증: 어떤 일을 조사하고 옳고 그름을
판단하여 증명함.

논할 **론(논)**

討 論

토론: 어떤 주제에 대해 여러 사람이
의견을 말하며 논의함.

檢 討

날 **출**

檢 出

검출: 어떤 물질의 구성요소 등을
조사하여 찾아냄.

의논할 **의**

討 議

토의: 어떤 문제에 대해 충분히
분석하고 따져서 협의함.

문해력 檢과 討가 포함된 단어는 문장에서 어떻게 쓰일까요?

이번 회의 시간에 건의된 사항은 학교 측의 **檢討**가 필요하다.

학생들이 많이 사먹는 간식에서 몸에 해로운 물질이 **檢出**되었다.

調 査

고를 조　　　　　　　조사할 사

調査(조사): 어떤 일이나 내용 등을 명확하게 알기 위해 자세히 살펴봄.

| 획순 | ` ゛ ゛ 言 言 言 言 訁 訂 訂 調 調 調 調 調 | 부수 | 言 |

| 調 | 調 | 調 | 調 | 調 |

| 획순 | 一 十 才 木 杢 杏 杏 杳 査 | 부수 | 木 |

| 査 | 査 | 査 | 査 | 査 |

어휘력 調와 查가 포함된 단어는 또 무엇이 있을까요?

화할 **화**

調 和

조화: 서로 잘 어울림.

검사할 **검**

檢 查

검사: 어떤 일이나 물질 등을 조사하여 옳고 그름과 좋고 나쁨을 판단함.

調 查

한가지 **동**

同 調

동조: 다른 사람의 주장에 자기의 의견을 일치시키거나 같은 보조를 취함.

밟을 **답**

踏 查

답사: 어떤 일이 일어난 곳에 가서 직접 보고 조사함.

문해력 調와 查가 포함된 단어는 문장에서 어떻게 쓰일까요?

그 화가의 작품은 색채의 <u>調和</u>가 아름답다.

우리 반은 역사 유적지로 <u>踏査</u>를 갔다.

賞 罰

상줄 상　　　　　벌할 벌

賞罰(상벌): 상과 벌을 이르는 말.

| 획순 | ⌃ ⌄ ⌄ ⌄ 尚 尚 尚 尚 尚 賞 賞 賞 賞 賞 賞 | 부수 | 貝 |

賞	賞	賞	賞	賞

| 획순 | ⌃ 罒 罒 罒 罒 罰 罰 罰 罰 罰 罰 罰 罰 | 부수 | 罒 |

罰	罰	罰	罰	罰

어휘력 賞과 罰이 포함된 단어는 또 무엇이 있을까요?

받을 **수**

受 賞

수상: 상을 받음.

형벌 **형**

刑 罰

형벌: 국가가 범죄자에게
가하는 법률상의 제재.

賞 罰

형상 상, 문서 **장**

賞 狀

상장: 상으로 주는 증서.

쇠 **금**

罰 金

벌금: 사회적으로 약속한 규칙을
위반한 벌로 내는 돈.

문해력 賞과 罰이 포함된 단어는 문장에서 어떻게 쓰일까요?

그는 글짓기 대회에서 **受賞**한 경력이 많다.

그는 교통 신호를 위반하여 **罰金**을 냈다.

19 흉년

凶 年

흉할 흉   해 년(연)

凶年(흉년): 농작물이 잘되지 않아 굶주리게 된 해.

획순 ノ メ 凶 凶   **부수** 凵

凶	凶	凶	凶	凶

획순 ノ ト ᅡ ᅳ ᅳ 年   **부수** 干

年	年	年	年	年

凶과 年이 포함된 단어는 또 무엇이 있을까요?

셀 **계**
凶 計
흉계: 흉악한 계략.

끝 **말** 비로소 **시**
年 末 年 始
연말연시: 한 해의 마지막과 새해의 처음을 이르는 말.

凶 年

DECEMBER
12

길할 **길** 재앙 **화** 복 **복**
吉 凶 禍 福
길흉화복: 길흉과 화복을 이르는 말로
사람의 운수를 의미함.

바퀴 **륜(윤)**
年 輪
연륜: 여러 해 동안 쌓은 경력으로
이루어진 숙련의 정도.

凶과 年이 포함된 단어는 문장에서 어떻게 쓰일까요?

올해는 **凶年**이어서 쌀값이 많이 올랐다.

영화에서 영웅은 악당의 **凶計**에 빠지지만 결국엔 악당을 물리치고 승리했다.

한랭

寒 冷

찰 한   찰 랭(냉)

寒冷(한랭): 춥고 차가움.

획순 `丶丶宀宀宀宀宀審審寒寒寒`   **부수** 宀

寒	寒	寒	寒	寒

획순 `丶丶冫冸冷冷冷`   **부수** 冫

冷	冷	冷	冷	冷

54

어휘력 寒과 冷이 포함된 단어는 또 무엇이 있을까요?

악할 악, 미워할 **오**

惡 寒

오한: 몸이 춥고 떨리는
증상.

뜻 **정**

冷 情

냉정: 생각이나 행동이 감정에
영향 받지 않고 침착함.

寒 冷

물결 **파**

寒 波

한파: 겨울철에 기온이 갑자기
내려가면서 추운 현상.

얼 **동**

冷 凍

냉동: 음식물 등을 얼림.

문해력 寒과 冷이 포함된 단어는 문장에서 어떻게 쓰일까요?

감기에 걸려 머리가 아프고 **惡寒**이 났다.

엄마는 식재료를 오래 보관하기 위해 **冷凍**하셨다.

한자 쓰기 연습				단어 쓰기 연습
建 세울 건		議 의논할 의	▶	건의
決 결단할 결		斷 끊을 단	▶	결단
準 준할 준		備 갖출 비	▶	준비
確 굳을 확		認 알 인	▶	확인
論 논할 론(논)		理 다스릴 리(이)	▶	논리

한자 쓰기 연습					단어 쓰기 연습
檢 검사할 검		討 칠 토		▶	검토
調 고를 조		査 조사할 사		▶	조사
賞 상줄 상		罰 벌할 벌		▶	상벌
凶 흉할 흉		年 해 년(연)		▶	흉년
寒 찰 한		冷 찰 랭(냉)		▶	한랭

1 주어진 뜻과 음에 일치하는 한자를 찾아 알맞은 기호를 표시하세요.

검사할 검 ○

고를 조 ☆

굳을 확 □

준할 준 ◇

세울 건 △

確　　建

決　◇準◇

斷　　調

檢　　凶

2 주어진 뜻과 한자를 연결하고 한자에 맞는 음을 쓰세요.

상주다 •　　　• 賞 ⇨

치다 •　　　• 認 ⇨

차다 •　　　• 備 ⇨

갖추다 •　　　• 討 ⇨

알다 •　　　• 冷 ⇨

3 주어진 뜻과 어울리는 한자어에 O 표시하세요.

1) 농작물이 잘되지 않아 굶주리게 된 해.　　　凶年 / 寒冷

2) 결정하여 판단함.　　　論理 / 決斷

3) 필요한 것을 미리 마련하여 갖춤.　　　檢討 / 準備

4 다음 글을 읽고 주어진 한자가 각각 몇 번 나왔는지 그 횟수를 쓰세요.

우리 반은 어제 신라 유적지에 답사를 다녀왔다.

나는 만일에 대비해 비상약을 준비해 갔지만 다행히

필요하지는 않았다.

유적지를 직접 방문하고 조사하니 수업 내용이 더 잘

이해되고 재미있었다.

우리는 점심으로 준비해 간 도시락을 먹으며

그날 배운 내용을 주제로 토론했다.

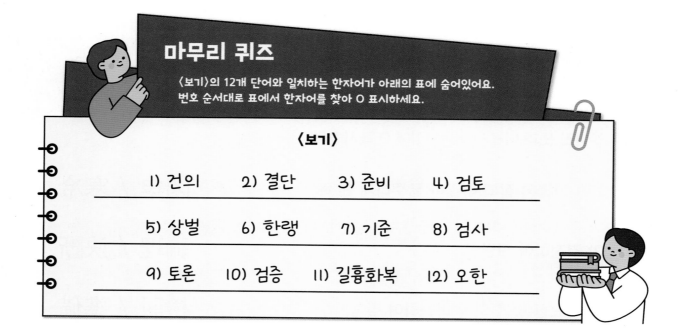

마무리 퀴즈

〈보기〉의 12개 단어와 일치하는 한자어가 아래의 표에 숨어있어요.
번호 순서대로 표에서 한자어를 찾아 O 표시하세요.

〈보기〉

1) 건의　　2) 결단　　3) 준비　　4) 검토

5) 상벌　　6) 한랭　　7) 기준　　8) 검사

9) 토론　　10) 검증　　11) 길흉화복　　12) 오한

基	正	確	踏	檢	查
準	吉	認	定	證	討
對	備	凶	識	理	論
惡	結	計	禍	建	議
輪	寒	冷	決	福	波
受	賞	罰	斷	念	金

21~30

이번 장에서 배울 내용입니다.
한자의 뜻과 음을 보고
단어의 의미를 유추해보세요.

經 營
지날 경 경영할 영

增 減
더할 증 덜 감

制 限
절제할 제 한할 한

政 治
정사 정 다스릴 치

移 民
옮길 이 백성 민

賣 買
팔 매 살 매

過 程
지날 과 한도 정

非 難
아닐 비 어려울 난

災 害
재앙 재 해할 해

探 險
찾을 탐 험할 험

經營

지날 경   경영할 영

經營(경영): 기업 등을 관리하고 운영함.

| 획순 | ' 纟 纟 纟 纟 糸 糸 糸 紅 紅 經 經 經 | 부수 | 糸 |

經	經	經	經	經

| 획순 | ' ' ' ' 丷 丷 丷 丷 炒 炒 炒 炒 炒 炊 炊 營 營 營 | 부수 | 火 |

營	營	營	營	營

어휘력 經과 營이 포함된 단어는 또 무엇이 있을까요?

건널 제

經 濟

경제: 인간이 생활하는 데 필요한 재화나 용역을 생산·분배·소비하는 모든 활동.

업 업

營 業

영업: 재산상의 이익을 목적으로 하는 사업.

經營

시험 험

經 驗

경험: 자신이 실제로 보고 듣고 겪음.

옮길 운

運 營

운영: 조직이나 기구 등을 목적에 맞게 운용하고 경영함.

문해력 經과 營이 포함된 단어는 문장에서 어떻게 쓰일까요?

그 의사는 환자들을 수술해 본 **經驗**이 많다.

내 친구 아버지는 식당을 **運營**하신다.

賣 買

팔 매   살 매

賣買(매매): 물건을 팔고 삼.

| 획순 | 一 十 士 吉 吉 吉 吉 吉 声 青 青 青 흘 賣 賣 | | | 부수 | 貝 |

賣	賣	賣	賣	賣

| 획순 | 丶 冂 冂 罒 罒 罒 罚 罚 胃 冒 買 買 | | | 부수 | 貝 |

買	買	買	買	買

어휘력 賣와 買가 포함된 단어는 또 무엇이 있을까요?

다할 **진**

賣 盡

매진: 남지 않고 다 팔림.

거둘 **수**

買 收

매수: 물건을 구입함.

賣 買

다툴 **경**

競 賣

경매: 물건을 사려고 하는 사람이 여러 명일 때 값을 가장 높게 부르는 사람에게 파는 것.

미리 **예**

豫 買

예매: 물건을 받기 전에 미리 삼.

21
22
23
24
25
26
27
28
29
30

문해력 賣와 買가 포함된 단어는 문장에서 어떻게 쓰일까요?

휴가철이라 해외 여행객이 많아 비행기표가 <u>賣盡</u>되었다.

나는 이번 주말에 친구와 영화를 보기 위해 영화표를 <u>豫買</u>했다.

23 증감

增 減

더할 증   덜 감

增減(증감): 많아지거나 적어짐.

획순 一 十 土 圹 圹 圹 圹 圹 圹 圹 圹 坤 增 增 增   **부수** 土

增	增	增	增	增

획순 ` ` 冫 冫 汀 汀 沥 沥 沥 减 减 减   **부수** 冫

減	減	減	減	減

어휘력 增과 減이 포함된 단어는 또 무엇이 있을까요?

더할 **가**

增加

증가: 양이나 수가
늘어남.

적을 **소**

減少

감소: 양이나 수가
줄어듦.

增減

나아갈 **진**

增進

증진: 더하여 나아가거나
좋아짐.

가벼울 **경**

輕減

경감: 덜어서 가볍게 함.

문해력 增과 減이 포함된 단어는 문장에서 어떻게 쓰일까요?

우리 학교에서는 학생들의 건강 **增進**을 위해 다양한 체육 프로그램을 운영한다.

출산율 **減少**로 인해 사회가 점차 고령화되고 있다.

過 程

지날 **과**   한도 **정**

過程(과정): 일이 진행되는 경로.

획순 ⎟ 冂 冃 冎 冎 咼 咼 咼 咼 過 過 過 過   **부수** 辶

過	過	過	過	過

획순 ノ 二 千 禾 禾 秆 和 和 和 程 程 程   **부수** 禾

程	程	程	程	程

어휘력 過와 程이 포함된 단어는 또 무엇이 있을까요?

지날 **경**

經 過

경과: 시간이 지나감.
또는 일이 진행되는 과정.

법도 **도**

程 度

정도: 얼마 가량의
분량(分量). 또는 어떤 수준.

過 程

볼 **간**

看 過

간과: 대강 보아 넘김.

날 **일**

日 程

일정: 그날 해야 할 일. 또는 일정한 기간
동안 할 일을 날짜별로 계획해 놓은 것.

문해력 過와 程이 포함된 단어는 문장에서 어떻게 쓰일까요?

선생님께서는 일의 결과만큼 **過程**도 중요하다고 하셨다.

선생님께서 학생들에게 수학여행 **日程**표를 나눠주셨다.

制 限

절제할 제   한할 한

制限(제한): 한도를 정하거나 그 한도를 넘지 못하게 함.

획순	′ ′ ′ ′ ′ ′ ′ 制 制			부수 刂
制	制	制	制	制

획순	′ ′ ′ ′ ′ ′ ′ 限 限 限			부수 阝
限	限	限	限	限

어휘력 制와 限이 포함된 단어는 또 무엇이 있을까요?

법 규
規 制

규제: 규칙이나 규정 등으로 한도를
정하거나 그 한도를 넘지 못하게 함.

정할 **정**
限 定

한정: 수량이나 범위 등을
제한하여 정함.

制限

마디 **절**
節 制

절제: 어느 정도를 넘지
않도록 조절해서 제한함.

기약할 **기**
期 限

기한: 미리 어느
때까지라고 한정한 시기.

문해력 制와 限이 포함된 단어는 문장에서 어떻게 쓰일까요?

制限 속도를 위반할 경우 벌금을 내야 한다.

유통 期限이 지난 음식은 버리는 것이 좋다.

非 難

아닐 비   어려울 난

非難(비난): 다른 사람의 잘못이나 부족한 점을 지적하며 나쁘게 말함.

| 획순 | ノ　ナ　ナ　ヺ　ヺ　非　非　非 | | | 부수 | 非 |

非	非	非	非	非

| 획순 | 一 十 廿 廿 甘 莒 苩 苩 莒 莫 莫 莫 難 難 難 難 難 難 | | | 부수 | 隹 |

難	難	難	難	難

어휘력 非와 難이 포함된 단어는 또 무엇이 있을까요?

떳떳할 **상**/항상 **상**

非 常

비상: 예상치 못한
긴급한 상황.

쓸 고

苦 難

고난: 괴로움과 어려움.

非 難

한 **일**   두 **재**

非 一 非 再

비일비재: 어떤 현상이 한둘이 아니고 많음.

피할 **피**

避 難

피난: 재난을 피해 다른
곳으로 옮겨 감.

문해력 非와 難이 포함된 단어는 문장에서 어떻게 쓰일까요?

비행기는 기체 결함으로 인해 **非常** 착륙했다.

전쟁으로 인해 많은 사람들이 **避難**을 떠났다.

政 治

정사 정

다스릴 치

政治(정치): 국가를 다스리는 일.

획순 一 T F F 正 正 政 政 政　　**부수** 攵

政	政	政	政	政

획순 丶 丶 氵 氵 汁 汸 治 治　　**부수** 氵

治	治	治	治	治

어휘력 政과 治가 포함된 단어는 또 무엇이 있을까요?

마을 **부**

政 府

정부: 국가를 다스리는 기관으로 입법, 사법, 행정을 포함하는 통치 기구.

편안 **안**

治 安

치안: 국가의 질서를 유지하고 보전함.

政 治

다닐 **행**

行 政

행정: 정치나 사무를 행함. 또는 입법과 사법 이외의 국가 통치 작용으로 국가의 목적을 실현하기 위해 행하는 능동적인 국가 작용.

일 만 **만** 병 **병** 통할 **통**

萬 病 通 治

만병통치: 한 가지 처방으로 여러 가지 병을 모두 고침. 또는 어떤 한 가지 대책이 여러 경우에 효력이 있음을 비유하는 말.

문해력 政과 治가 포함된 단어는 문장에서 어떻게 쓰일까요?

政府는 경기 회복을 위해 각종 규제를 완화하였다.

그 나라는 治安이 좋지 않아 여행객이 혼자 다니면 위험하다.

災 害

재앙 재   해할 해

災害(재해): 지진, 태풍 등의 재앙으로 인한 피해.

| 획순 | ＼ ＇＇ ＂＂ ＂＂＂ ＂＂＂ ＂＂＂ ＂＂＂ 災 | | | 부수 火 |

災	災	災	災	災

| 획순 | ＼ ＇ 宀 宀 宀 宀 宀 害 害 害 | | | 부수 宀 |

害	害	害	害	害

어휘력 災와 害가 포함된 단어는 또 무엇이 있을까요?

불 **화**

火 災

화재: 불로 인한 재난.

벌레 **충**

害 蟲

해충: 인간이나 농작물 등에 해를 끼치는 벌레를 모두 이르는 말.

災 害

어려울 **난**

災 難

재난: 뜻밖에 일어난 불행한 재앙이나 사고.

방해할 **방**

妨 害

방해: 다른 사람의 일을 간섭하고 막아 못하게 함.

문해력 災와 害가 포함된 단어는 문장에서 어떻게 쓰일까요?

최근에 이상 기후로 인한 <u>災害</u>가 많이 발생하고 있다.

동생은 같이 놀자고 하며 내가 공부하는 것을 <u>妨害</u>했다.

移民

옮길 **이**   백성 **민**

移民(이민): 자기 나라를 떠나 다른 나라로 옮겨가서 삶.

획순 ´ ⺈ 千 禾 禾 秒 秒 秒 移 移 移   **부수** 禾

移	移	移	移	移

획순 ⁷ ⁷ ⁷ ⺐ ⺐ 民   **부수** 民

民	民	民	民	民

어휘력 移와 民이 포함된 단어는 또 무엇이 있을까요?

움직일 **동**

移 動

이동: 움직여서 옮김.

어려울 **난**

難 民

난민: 전쟁, 재난, 천재지변 등으로 어려운 상황에 놓인 국민.

移 民

심을 **식**

移 植

이식: 식물 등을 옮겨 심음. 또는 살아있는 조직이나 장기를 떼어 다른 부위나 다른 개체에 옮겨 붙이는 일.

심을 **식**   땅 **지**

植 民 地

식민지: 정치, 경제적으로 다른 나라의 지배를 받아 국가로서의 주권을 잃어버린 나라.

문해력 移와 民이 포함된 단어는 문장에서 어떻게 쓰일까요?

나는 외국으로 **移民**을 가는 친구에게 우리의 추억이 담긴 선물을 주었다.

많은 구호 단체들이 **難民** 구호 활동에 적극적으로 참여하였다.

探 險

찾을 탐 　　　　　 험할 험

探險(탐험): 위험을 무릅쓰고 어떤 곳을 찾아가서 조사함.

획순 一 十 扌 扌 扩 扩 探 探 探 探 探 　　**부수** 扌

探	探	探	探	探

획순 ⁊ ⠀ ⠀ 阝 阝 阾 阾 险 险 险 险 险 险 險 　　**부수** 阝

險	險	險	險	險

어휘력 探과 險이 포함된 단어는 또 무엇이 있을까요?

찾을 **방**

探 訪

탐방: 유적지 등을 구경하기 위해 찾아감. 또는 어떤 사실 등을 알아내기 위해 사람이나 장소를 찾아감.

위태할 **위**

危 險

위험: 위태롭고 안전하지 않음.

探 險

연구할 **구**

探 究

탐구: 진리나 학문 등을 깊이 연구함.

어려울 **난**

險 難

험난: 힘겹고 어려움.

문해력 探과 險이 포함된 단어는 문장에서 어떻게 쓰일까요?

콜럼버스는 아메리카를 발견한 이탈리아의 **探險**가이다.

☆ 위험을 무릅쓰고 어떤 곳을 찾아가서 조사하는 사람을 탐험가(探險家)라고 합니다.

비 오는 날 계곡에서 물놀이 하는 것은 **危險**하다.

한자 쓰기 연습				단어 쓰기 연습
經 지날 경		營 경영할 영	▶	경영
賣 팔 매		買 살 매	▶	매매
增 더할 증		減 덜 감	▶	증감
過 지날 과		程 한도 정	▶	과정
制 절제할 제		限 한할 한	▶	제한

한자 쓰기 연습			단어 쓰기 연습
非 아닐 비	難 어려울 난	▶	비난
政 정사 정	治 다스릴 치	▶	정치
災 재앙 재	害 해할 해	▶	재해
移 옮길 이	民 백성 민	▶	이민
探 찾을 탐	險 험할 험	▶	탐험

문제 풀면서 복습

1 주어진 뜻과 음에 일치하는 한자를 찾아 알맞은 기호를 표시하세요.

지날 경 ○

팔 매 ☆

한할 한 □

해할 해 ◇

한도 정 △

減　　程

政　害

買　限

賣　經

2 주어진 뜻과 한자를 연결하고 한자에 맞는 음을 쓰세요.

더하다 ・ ・制 ⇨

절제하다 ・ ・移 ⇨

옮기다 ・ ・增 ⇨

험하다 ・ ・治 ⇨

다스리다 ・ ・險 ⇨

3 주어진 뜻과 어울리는 한자어에 O 표시하세요.

1) 지진, 태풍 등의 재앙으로 인한 피해.　　　非難 / 災害

2) 위험을 무릅쓰고 어떤 곳을 찾아가서 조사함.　　經營 / 探險

3) 국가를 다스리는 일.　　　政治 / 過程

4 다음 글을 읽고 주어진 한자가 각각 몇 번 나왔는지 그 횟수를 쓰세요.

나는 이번 주말에 친구와 영화를 보기로 했다.

영화는 위험을 무릅쓰고 험난한 여행을 하는

어느 탐험가의 이야기이다.

표를 예매하려고 했는데 영화가 인기가 많은지 이미

매진되었다.

아쉽지만 영화는 다음 주말에 봐야 할 것 같다.

險 ……◯

探 ……◯

難 ……◯

豫 ……◯

買 ……◯

盡 ……◯

마무리 퀴즈

〈보기〉의 12개 단어와 일치하는 한자어가 아래의 표에 숨어있어요.
번호 순서대로 표에서 한자어를 찾아 O 표시하세요.

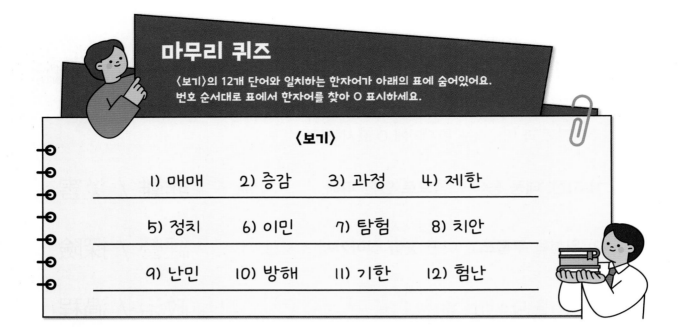

〈보기〉

1) 매매	2) 증감	3) 과정	4) 제한
5) 정치	6) 이민	7) 탐험	8) 치안
9) 난민	10) 방해	11) 기한	12) 험난

植	民	地	危	賣	買
過	程	非	節	期	收
災	增	度	探	制	限
難	減	政	險	究	定
妨	火	治	避	難	苦
害	蟲	安	移	民	節

31~40

이번 장에서 배울 내용입니다.
한자의 뜻과 음을 보고
단어의 의미를 유추해보세요.

職 業
직분 직 업 업

義 務
옳을 의 힘쓸 무

技 藝
재주 기 재주 예

選 擧
가릴 선 들 거

連 續
잇닿을 이을 속
련(연)

使 命
하여금 사 목숨 명

演 劇
펼 연 심할 극

歌 謠
노래 가 노래 요

羅 列
벌일 라(나) 벌일 렬(열)

配 置
나눌 배 둘 치

職業

직분 직   업 업

職業(직업): 생계 유지를 위해 지속적으로 종사하는 일.

| 획순 | 一 丁 丁 丁 耳 耳 耳 耳 耶 耳 耳 耶 耶 聯 職 職 職 | 부수 | 耳 |

職	職	職	職	職

| 획순 | 丶 丷 丩 业 业 芣 芣 芣 芣 芣 業 業 業 | 부수 | 木 |

業	業	業	業	業

어휘력 職과 業이 포함된 단어는 또 무엇이 있을까요?

마당 **장**

職 場

직장: 사람들이 보수를
받으며 일하는 곳.

줄 **수**

授 業

수업: 교사가 학생에게 지식이나
기술을 가르쳐 주는 일.

職 業

나아갈 **취**

就 職

취직: 일정한 직업을 얻어
직장에 나감.

스스로 **자**　　　스스로 **자**　얻을 **득**

自 業 自 得

자업자득: 자기가 저지른 일의 결과를 자기가 받음.

문해력 職과 業이 포함된 단어는 문장에서 어떻게 쓰일까요?

우리 언니는 대학을 졸업하고 곧바로 회사에 <u>就職</u>했다.

나는 <u>授業</u> 시간에 친구와 떠들다가 선생님께 혼이 났다.

使 命

하여금 사   목숨 명

使命(사명): 맡겨진 임무.

획순 ノ イ イ 仁 仨 仨 使 使   **부수** イ

使	使	使	使	使

획순 ノ 人 人 今 合 合 命 命   **부수** 口

命	命	命	命	命

90

어휘력 使와 命이 포함된 단어는 또 무엇이 있을까요?

쓸 **용**

使 用

사용: 목적에 맞게 씀.

망할 **망**

亡 命

망명: 자기 나라에서 박해를 받는 사람이 이를 피해 다른 나라로 감.

使 命

다닐 **행**

行 使

행사: 일을 시행함. 또는 여러 사람들이 목적을 가지고 절차에 따라 진행하는 일.

가운데 **중**

命 中

명중: 화살이나 총알이 목표물에 바로 맞음.

문해력 使와 命이 포함된 단어는 문장에서 어떻게 쓰일까요?

최근 무분별한 플라스틱 **使用**으로 인한 환경 파괴가 심각하다.

우리나라 양궁 선수가 쏜 화살이 과녁에 **命中**하였다.

義 務

옳을 의   힘쓸 무

義務(의무): 마땅히 해야 할 일.

획순 ﹅ ﹀ ﹀ ﹀ 半 丵 羊 羊 羊 羊 義 義 義　　**부수** 羊

義	義	義	義	義

획순 ﹁ ﹁ 孓 矛 矛 矛 矛 矛 務 務　　**부수** 力

務	務	務	務	務

어휘력 義와 務가 포함된 단어는 또 무엇이 있을까요?

바를 정
正 義
정의: 이치에 맞는
올바른 도리.

업 업
業 務
업무: 직장에서 맡은 일.

義 務

다스릴 리(이)
義 理
의리: 사람이 지켜야 할
도리.

공평할 공　　인원 원
公 務 員
공무원: 국가나 공공 기관의 업무를
맡아 집행하는 사람.

문해력 義와 務가 포함된 단어는 문장에서 어떻게 쓰일까요?

모든 국민은 세금 납부의 **義務**를 진다.

우리 팀은 효율적인 일 처리를 위해 **業務**를 분담하였다.

演 劇

펼 연   심할 극

演劇(연극): 배우가 무대에서 각본에 따라 관중에게 연기하는 무대 예술.

획순   ` ` ` ⺡ ⺡ 浐 沪 沪 浐 浐 浐 演 演 演 演   부수 ⺡

演   演   演   演   演

획순   ` ⺊ ⺊ 广 户 庐 庐 虍 虍 虐 虚 虞 豦 劇 劇   부수 刂

劇   劇   劇   劇   劇

어휘력 演과 劇이 포함된 단어는 또 무엇이 있을까요?

공평할 **공**

公 演

공연: 사람들에게 음악, 연극 등을 보이는 일.

마당 **장**

劇 場

극장: 음악, 연극 등을 공연하거나 영화를 상영하기 위한 설비를 갖춘 건물이나 시설.

演 劇

재주 **기**

演 技

연기: 배우가 맡은 인물의 행동이나 성격 등을 표현하는 일.

기쁠 **희**

喜 劇

희극: 인간 사회의 문제 등을 웃음을 주는 요소를 섞어 가볍고 유쾌하게 다룬 연극.

문해력 演과 劇이 포함된 단어는 문장에서 어떻게 쓰일까요?

그 영화 배우는 **演技**를 매우 잘한다.

나는 **劇場** 입구에 있는 매표소에서 표를 샀다.

기예

技藝

재주 기   재주 예

技藝(기예): 기술과 예술을 함께 이르는 말.

획순	一 十 才 扌 扫 抟 技			부수 扌
技	技	技	技	技

획순	一 十 艹 圤 玗 坴 埶 坴 埶 藝 埶 埶 藝 藝 藝 藝 藝			부수 艹
藝	藝	藝	藝	藝

어휘력 技와 藝가 포함된 단어는 또 무엇이 있을까요?

재주 술
技 術

기술: 과학 이론을 적용하여 인간의 생활에 유용하도록 만드는 수단.

재주 술
藝 術

예술: 아름다움을 표현하고 창조하는 인간의 활동이나 작품.

技 藝

특별할 **특**
特 技

특기: 특별한 기술이나 기능.

펼 **연**　　사람 **인**
演 藝 人

연예인: 배우, 가수 등 연예에 종사하는 사람.

문해력 技와 藝가 포함된 단어는 문장에서 어떻게 쓰일까요?

오늘날에는 통신 **技術**의 발달로 전세계 사람들과의 소통이 가능하다.

그는 요즘 청소년들에게 가장 인기있는 **演藝人**이다.

36 가요

歌 謠

노래 가   노래 요

歌謠(가요): 대중들이 즐길 수 있도록 만들어진 노래.

획순	一 丆 〒 可 可 可 可 哥 哥 哥 歌 歌			부수 欠
歌	歌	歌	歌	歌

획순	丶 亠 亠 言 言 言 訁 訒 訟 謠 謠 謠 謠 謠 謠			부수 言
謠	謠	謠	謠	謠

어휘력 歌와 謠가 포함된 단어는 또 무엇이 있을까요?

말 사/글 사

歌 詞

가사: 가요와 같은 노래의
내용으로 쓰인 글.

아이 동

童 謠

동요: 어린이를 위해
지은 노래.

歌 謠

넉 사   낯 면   초나라 초

四 面 楚 歌

사면초가: 사방에서 들리는 초나라의 노래라는
뜻으로, 아무에게도 도움을 받을 수 없는
고립된 상태에 처하게 됨을 의미함.

백성 민

民 謠

민요: 민중들 사이에서
생겨나 전해지는
전통적인 노래.

문해력 歌와 謠가 포함된 단어는 문장에서 어떻게 쓰일까요?

가게에서 유행이 지난 **歌謠**가 흘러 나왔다.

동생은 엄마에게 유치원에서 배운 **童謠**를 불러주었다.

選 擧

가릴 선　　　　들 거

選擧(선거): 조직이나 집단의 구성원들이 대표자나 임원을 뽑는 것.

| 획순 | ⺌ ⺌ ⺌ ⺌ ⺌ 吅 吅 吅 弊 哭 哭 哭 哭 選 選 選 | 부수 辶 |

選	選	選	選	選

| 획순 | ⺌ ⺌ ⺌ 臼 臼 臼 臼 臼 臼 臼 與 與 與 與 舉 舉 | 부수 手 |

擧	擧	擧	擧	擧

어휘력 選과 擧가 포함된 단어는 또 무엇이 있을까요?

손 수
選 手

선수: 많은 사람들 중에 기량이 뛰어나 대표로 뽑혀 운동 경기에 나가는 사람.

한 일   두 량(양)   얻을 득
一 擧 兩 得

일거양득: 한 번 들어 둘을 얻는다는 뜻으로, 한 가지 일로 두 가지 이득을 얻음을 의미함.

選 擧

날 출
選 出

선출: 여럿 중에 뽑아 내거나 골라 냄.

검사할 검
檢 擧

검거: 수사 기관에서 공공의 안전과 범죄의 수사를 위해 범죄를 저질렀다고 의심되는 사람을 억류함.

문해력 選과 擧가 포함된 단어는 문장에서 어떻게 쓰일까요?

내 친구는 이번 학기 반장 **選擧**에 출마했다.

그의 꿈은 세계적으로 유명한 축구 **選手**가 되는 것이다.

나열

羅 列

벌일 라(나)　　　　벌일 렬(열)

羅列(나열): 나란히 벌여 놓음.

획순 丶 冂 罒 罒 罒 罗 罗 罗 羉 羉 羅 羅 羅 羅 羅 羅 羅 羅　**부수** 四

羅	羅	羅	羅	羅

획순 一 丆 歹 歹 列 列　**부수** 刂

列	列	列	列	列

어휘력 羅와 列이 포함된 단어는 또 무엇이 있을까요?

새 **신**
新 羅

신라: 삼국시대 때 삼국 중에 하나로 기원전 57년에 박혁거세가 세운 나라.

나눌 **배**
配 列

배열: 일정한 차례로 벌여 놓음.

羅 列

바늘 **침**　소반 **반**
羅 針 盤

나침반: 지리적 방향을 알려주는 기구.

들 **거**
列 擧

열거: 여러 가지 예나 사실 등을 늘어 놓음.

문해력 羅와 列이 포함된 단어는 문장에서 어떻게 쓰일까요?

우리는 산에서 길을 잃어 <u>**羅針盤**</u>으로 방향을 찾을 수 밖에 없었다.

우리는 강당의 의자를 일렬로 <u>**配列**</u>하였다.

連 續

잇닿을 련(연)

이을 속

連續(연속): 끊이지 않고 이어짐.

| 획순 | 一 ㄷ 冂 盲 盲 亘 車 軋 軋 連 連 | 부수 辶 |

連	連	連	連	連

| 획순 | ㇙ ㇜ 幺 夅 纟 糹 紆 紵 紵 紵 絈 絈 絈 繢 繢 繢 繢 續 續 | 부수 糸 |

續	續	續	續	續

어휘력 連과 續이 포함된 단어는 또 무엇이 있을까요?

맺을 **결**

連 結

연결: 대상과 대상을
서로 이어서 맺음.

이을 **접**

接 續

접속: 서로 맞대어 이음. 또는 컴퓨터에서
여러 프로세서와 모듈들을 연결하는 일.

連 續

쉴 **휴**

連 休

연휴: 이틀 이상
계속되는 휴일.

서로 **상**

相 續

상속: 뒤를 이음. 또는 친족 관계에 있는 사람 사이에서 한 명이
사망했을 때 다른 사람에게 재산에 대한 권리와 의무를 이어
주거나 사망한 사람으로부터 그 권리와 의무를 이어받는 일.

문해력 連과 續이 포함된 단어는 문장에서 어떻게 쓰일까요?

우리 가족은 이번 <u>連休</u>에 해외 여행을 간다.

그는 아버지로부터 많은 유산을 <u>相續</u>받았다.

配 置

나눌 배   둘 치

配置(배치): 사람이나 물건 등을 일정한 자리나 위치에 나누어 둠.

| 획순 | 一 厂 厂 丙 丙 酉 酉 酉' 酌 配 | 부수 酉 |

配	配	配	配	配

| 획순 | 丶 冂 冂 冚 冚 罒 罒 罘 罘 罱 罯 罯 置 | 부수 罒 |

置	置	置	置	置

어휘력 配와 置가 포함된 단어는 또 무엇이 있을까요?

나눌 **분**

分 配

분배: 일정하게 나눔. 또는 생산물을 생산 과정에 참여한 사회 구성원에게 나누는 일.

자리 **위**

位 置

위치: 사물 등이 어떤 곳에 자리를 차지함. 또는 그 자리.

配 置

지탱할 **지**

支 配

지배: 사람이나 조직 등을 자기의 뜻대로 복종하게 하여 다스림.

꾸밀 **장**

裝 置

장치: 어떤 목적에 따라 기능하도록 기계 등을 장착함. 또는 그 기계.

문해력 配와 置가 포함된 단어는 문장에서 어떻게 쓰일까요?

우리는 내일 있을 시험을 위해 교실의 책상을 시험 대형으로 **配置**하였다.

우리 학교는 교통이 편리한 시내에 **位置**해 있다.

한자 쓰기 연습				단어 쓰기 연습
職		業		
직분 직		업 업	▶	직업
使		命		
하여금 사		목숨 명	▶	사명
義		務		
옳을 의		힘쓸 무	▶	의무
演		劇		
펼 연		심할 극	▶	연극
技		藝		
재주 기		재주 예	▶	기예

한자 쓰기 연습				단어 쓰기 연습
歌 노래 가		謠 노래 요	▶	가요
選 가릴 선		擧 들 거	▶	선거
羅 벌일 라(나)		列 벌일 렬(열)	▶	나열
連 잇닿을 련(연)		續 이을 속	▶	연속
配 나눌 배		置 둘 치	▶	배치

문제 풀면서 복습

1 주어진 뜻과 음에 일치하는 한자를 찾아 알맞은 기호를 표시하세요.

직분 직 ◯

잇닿을 련(연) ☆

가릴 선 ☐

힘쓸 무 ◇

노래 요 △

置　選
義　職
連　使
謠　務

2 주어진 뜻과 한자를 연결하고 한자에 맞는 음을 쓰세요.

재주 •　　　　• 羅 ⇨

벌이다 •　　　　• 演 ⇨

잇다 •　　　　• 藝 ⇨

나누다 •　　　　• 配 ⇨

펴다 •　　　　• 續 ⇨

3 주어진 뜻과 어울리는 한자어에 O 표시하세요.

1) 조직이나 집단의 구성원들이 대표자나 임원을 뽑는 것.

義務 / 選擧

2) 배우가 무대에서 각본에 따라 관중에게 연기하는 무대 예술.

歌謠 / 演劇

3) 생계 유지를 위해 지속적으로 종사하는 일.

配置 / 職業

4 다음 글을 읽고 주어진 한자가 각각 몇 번 나왔는지 그 횟수를 쓰세요.

언니는 대학을 졸업하자마자 취직해서 직장에 다닌다.

언니는 가끔 업무가 많은 날은 힘들다고 했다.

이번 연휴에 나는 언니와 연극을 보러 극장에 갔다.

언니는 신나게 놀았더니 스트레스가 풀린다고 했다.

職 ······ ◯
場 ······ ◯
務 ······ ◯
連 ······ ◯
演 ······ ◯
劇 ······ ◯

마무리 퀴즈

<보기>의 12개 단어와 일치하는 한자어가 아래의 표에 숨어있어요.
번호 순서대로 표에서 한자어를 찾아 O 표시하세요.

〈보기〉

1) 직업   2) 의무   3) 연극   4) 가요

5) 선거   6) 연속   7) 극장   8) 사용

9) 연기   10) 기술   11) 선수   12) 일거양득

行	亡	一	列	配	列
使	用	選	擧	新	羅
職	命	義	手	兩	接
公	業	務	書	藝	得
演	技	相	連	續	童
劇	場	術	休	歌	謠

41~50

이번 장에서 배울 내용입니다.
한자의 뜻과 음을 보고
단어의 의미를 유추해보세요.

境 지경 경　界 지경 계

停 머무를 정　止 그칠 지

寫 베낄 사　眞 참 진

競 다툴 경　爭 다툴 쟁

惡 악할 악　黨 무리 당

保 지킬 보　護 도울 호

引 끌 인　導 인도할 도

試 시험 시　驗 시험 험

負 질 부　擔 멜 담

警 깨우칠 경　察 살필 찰

41 경계

 境 界

지경 경   지경 계

境界(경계): 지역이나 사물이 일정한 기준에 의해 구분되는 한계.

획순 一 十 土 圹 圹 圹 圹 圹 垃 培 培 培 境 境   부수 土

境 | 境 | 境 | 境 | 境

획순 丨 冂 冂 田 田 甲 旯 界 界   부수 田

界 | 界 | 界 | 界 | 界

어휘력 境과 界가 포함된 단어는 또 무엇이 있을까요?

거스를 **역**

逆 境

역경: 일이 잘 되지 않아 어렵게 된 경우나 환경.

한할 **한**

限 界

한계: 어떤 것이 작용할 수 있는 범위. 또는 지역을 구분하는 선.

境 界

가 **변**

邊 境

변경: 국가의 경계에 있는 변두리 땅.

각각 **각**   각각 **각**   층 **층**

各 界 各 層

각계각층: 사회의 각 분야와 각 계층.

문해력 境과 界가 포함된 단어는 문장에서 어떻게 쓰일까요?

만화 주인공은 어떤 고난과 <u>逆境</u>도 헤쳐나가는 씩씩한 여자아이이다.

그는 체력이 <u>限界</u>에 다다랐는지 달리는 속도가 느려졌다.

보호

保 護

지킬 보   도울 호

保護(보호): 잘 보살피고 돌봄.

획순 ノ イ 亻 亻 亻 亻 仔 仔 保 保   **부수** 亻

保	保	保	保	保

획순 ` ` ⸝ ⸝ 言 言 言 訏 訐 訸 誰 誰 誰 護 護 護 護   **부수** 言

護	護	護	護

어휘력 保와 護가 포함된 단어는 또 무엇이 있을까요?

편안 **안**

保 安

보안: 안전을 유지함.

볼 **간**

看 護

간호: 환자나 노약자를 보살핌.

保 護

머무를 **류(유)**

保 留

보류: 어떤 일의 처리를 나중으로 미루어 둠.

지킬 **수**

守 護

수호: 지키고 보호함.

문해력 保와 護가 포함된 단어는 문장에서 어떻게 쓰일까요?

나는 환경 **保護**를 위해 일회용품을 사용하지 않으려고 노력한다.

그는 편찮으신 어머니를 지극정성으로 **看護**하였다.

43 정지

停 止

머무를 정 　　　 그칠 지

停止(정지): 움직이던 것이 멈춤. 또는 하던 것을 중간에 그만둠.

획순 ノ イ イ イ 广 广 伫 伫 停 停 停　부수 イ

停　停　停　停　停

획순 一 卜 忄 止　부수 止

止　止　止　止　止

어휘력 停과 止가 포함된 단어는 또 무엇이 있을까요?

번개 **전**

停 電

정전: 전기가 끊어짐.

금할 **금**

禁 止

금지: 어떤 것을 하지
못하게 함.

停 止

머무를 **류(유)**　마당 **장**

停 留 場

정류장: 버스 등이 사람들을 태우고
내리기 위해 잠시 멈추는 일정한 장소.

막을 **방**

防 止

방지: 어떤 일이 일어나지
않게 함.

문해력 停과 止가 포함된 단어는 문장에서 어떻게 쓰일까요?

버스 **停留場**에는 버스를 기다리는 사람들이 많았다.

가게 주인은 도난 **防止**를 위해 가게에 도난 경보기를 설치했다.

引 導

끌 인　　　　　　　인도할 도

引導(인도): 이끌어 안내하거나 가르침.

획순 ⁻ ⁻ 弓 引　　　　　　　**부수** 弓

引	引	引	引	引

획순 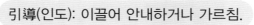 ⎯ ⎯ ⎯ ⎯ 首 首 道 道 道 導 導　　**부수** 寸

導	導	導	導	導

어휘력 引과 導가 포함된 단어는 또 무엇이 있을까요?

윗 **상**

引 上

인상: 가격 등을 올림.
또는 물건 등을 끌어 올림.

가리킬 **지**   놈 **자**

指 導 者

지도자: 집단이나 사회에서 앞장서 이끌거나
다른 사람들을 가르쳐 이끄는 사람.

引 導

나 **아**   밭 **전**   물 **수**

我 田 引 水

아전인수: 자기 논에 물을 끌어다 놓는다는 뜻으로,
자기 이익만 생각하고 행동함을 의미함.

들 **입**

導 入

도입: 기술이나 방법 등을 끌어 들임. 또는
문학이나 예술 작품 등에서 전체를 대략적으로
살펴보고 전개 방향 등을 미리 알려주는 단계.

문해력 引과 導가 포함된 단어는 문장에서 어떻게 쓰일까요?

대중교통 요금이 **引上**되어 교통비 지출이 늘었다.

그는 모든 사람들이 존경하고 따르는 훌륭한 **指導者**이다.

베낄 사   참 진

寫眞(사진): 물체의 형상을 감광막에 나타나게 찍은 영상.

획순 `丶宀宀宀宀宀宂宇宇宇宇寫寫寫寫寫   부수 宀

寫	寫	寫	寫	寫

획순 `一ヒ上卢卢自自直真真眞   부수 目

眞	眞	眞	眞	眞

어휘력 寫와 眞이 포함된 단어는 또 무엇이 있을까요?

붓 **필**

筆 寫

필사: 문서 등을
베껴서 씀.

마음 **심**

眞 心

진심: 참된 마음.

寫 眞

근본 **본**

寫 本

사본: 문서의 원본을
베껴서 쓰거나 복사한 것.

열매 **실**

眞 實

진실: 거짓 없는 참된 사실.
또는 거짓 없고 참됨.

문해력 寫와 眞이 포함된 단어는 문장에서 어떻게 쓰일까요?

우리 반은 수학여행을 가서 단체 **寫眞**을 찍었다.

나는 친구에게 함부로 말한 것에 대해 **眞心**으로 사과했다.

試 驗

시험 시 시험 험

試驗(시험): 실력 등을 일정한 방법에 따라 검사하고 평가하는 것.

획순 ` ㆍ ㆍ ㆍ ㆍ 言 言 言 言 計 計 試 試 | 부수 言

試	試	試	試	試

획순 丨 厂 厂 厈 厈 馬 馬 馬 馬 馬 馬 馿 験 験 験 験 験 験 験 験 験 験 | 부수 馬

驗	驗	驗	驗	驗

어휘력 試와 驗이 포함된 단어는 또 무엇이 있을까요?

합할 **합**

試 合

시합: 운동 경기 등에서 재주를 겨루어 승부를 다툼.

열매 **실**

實 驗

실험: 실제로 해 봄. 또는 과학에서 이론이나 현상이 실제로 작용하는지 시험하고 연구함.

試 驗

그림 **도**

試 圖

시도: 어떤 것을 이루기 위해 해 봄.

받을 **수**   날 **생**

受 驗 生

수험생: 시험을 치르는 사람.

문해력 試와 驗이 포함된 단어는 문장에서 어떻게 쓰일까요?

나는 체육 대회 때 달리기 **試合**에서 일등을 했다.

受驗生인 우리 언니는 주말에도 학교 도서관에 가서 **試驗** 공부를 한다.

경쟁

競 爭

다툴 경　　　　　　　다툴 쟁

競爭(경쟁): 같은 목적을 두고 서로 이기려고 겨룸.

획순 `　一　亠　六　立　产　产　立　产　产　立　竞　竞　竞　竞　竞　竞　競　競　競　競　　부수 立

競	競	競	競	競

획순 `　´　ʹ　ʿ　ʿʿ　ʿʿ　ʿʿ　爭　爭　　부수 ⺈

爭	爭	爭	爭	爭

어휘력 競과 爭이 포함된 단어는 또 무엇이 있을까요?

재주 **기**

競 技

경기: 일정한 규칙 안에서 기술을 겨루는 일.

논할 **론(논)**

論 爭

논쟁: 서로 다른 의견을 가진 사람들이 자신의 주장을 펼치며 다툼.

競 爭

달릴 **주**

競 走

경주: 일정한 거리를 달려 빠르기를 겨루는 경기.

싸움 **전**

戰 爭

전쟁: 국가나 단체간에 무력을 사용하여 싸움.

문해력 競과 爭이 포함된 단어는 문장에서 어떻게 쓰일까요?

나는 친구들과 함께 야구 **競技**를 보러 **競技**장에 갔다.

☆ 경기를 할 수 있도록 시설을 갖춘 곳을 경기장(競技場)이라고 합니다.

나는 진로 문제를 두고 부모님과 **論爭**을 벌였다.

負擔

질부　　　　　　　멜담

負擔(부담): 의무나 책임을 짐.

획순 ′ ″ ″ ″ ″ ″ ″ ″ ″ ″ ″ ″ ″ ″ ″ ″ ″ 負負　　**부수** 貝

負	負	負	負	負

획순 一 十 才 扩 扩 扩 护 护 护 护 擔 擔 擔 擔 擔　**부수** 才

擔	擔	擔	擔	擔

128

어휘력 負와 擔이 포함된 단어는 또 무엇이 있을까요?

이길 **승**

勝 負

승부: 이김과 짐.

맡길 **임**

擔 任

담임: 학교에서 학급을 책임지고 맡음.
또는 그 책임을 맡은 사람.

負 擔

스스로 **자**   마음 **심**

自 負 心

자부심: 자기 자신에 대해 능력과
가치를 믿고 당당하게 여기는 마음.

마땅 **당**

擔 當

담당: 일을 맡음.

문해력 負와 擔이 포함된 단어는 문장에서 어떻게 쓰일까요?

우리나라는 축구 경기에서 **勝負**차기 끝에 일본에 승리했다.

擔任 선생님께서는 우리 반 학생들의 진로를 상담해주신다.

惡 黨

악할 악, 미워할 오

무리 당

惡黨(악당): 나쁜 짓을 하는 사람. 또는 그 무리.

| 획순 | 一 丁 丆 亞 亞 亞 亞 亞 惡 惡 惡 | 부수 | 心 |

惡	惡	惡	惡	惡

| 획순 | 丶 丷 丷 屵 屵 党 党 党 常 常 常 當 當 當 黨 黨 黨 黨 | 부수 | 黑 |

黨	黨	黨	黨	黨

어휘력 惡과 黨이 포함된 단어는 또 무엇이 있을까요?

착할 **선**

善 惡

선악: 착한 것과 나쁜 것.
선과 악.

한 **일**

一 黨

일당: 목적이나 행동 등이
같은 무리.

惡 黨

사나울 폭,
사나울 **포**

暴 惡

포악: 사납고 악함.

정사 **정**/칠 **정**

政 黨

정당: 정치적 이념이나 생각이 같은 사람들이
정치적 이상을 실현하기 위해 만든 단체.

문해력 惡과 黨이 포함된 단어는 문장에서 어떻게 쓰일까요?

나는 동생과 함께 영웅이 **惡黨**과 맞서 싸우는 영화를 보았다.

경찰이 폭력배 **一黨**을 잡았다는 뉴스가 보도되었다.

50 경찰

警 察

깨우칠 경   살필 찰

警察(경찰): 경계하여 살핌. 또는 사회 질서를 유지하고
국민의 안전과 재산을 보호하는 업무에 종사하는 공무원을 일컫는 말.

| 획순 | 一 十 卄 艹 芍 芍 苟 茍 苟 萄 散 敬 敬 敬 警 警 警 警 警 | 부수 | 言 |

警	警	警	警	警

| 획순 | 丶 丶 宀 宀 宀 宓 宓 宓 宓 察 察 察 察 | 부수 | 宀 |

察	察	察	察	察

어휘력 警과 察이 포함된 단어는 또 무엇이 있을까요?

고할 **고**

警 告

경고: 조심하라고
미리 주의를 줌.

볼 **관**

觀 察

관찰: 어떤 것을 주의해서
살펴봄.

警 察

도울 **호**

警 護

경호: 위험한 일이
일어나지 않게 보호함.

살필 **성**

省 察

성찰: 스스로 반성하고
살핌.

문해력 警과 察이 포함된 단어는 문장에서 어떻게 쓰일까요?

나는 길에서 주운 지갑을 **警察**서에 갖다 주었다.

☆ 경찰 업무를 맡아 보는 관청을 경찰서(警察署)라고 합니다.

축구 선수는 심판에게 두 번 **警告**를 받고 퇴장했다.

한자 쓰기 연습				단어 쓰기 연습
境 지경 경		界 지경 계	▶	경계
保 지킬 보		護 도울 호	▶	보호
停 머무를 정		止 그칠 지	▶	정지
引 끌 인		導 인도할 도	▶	인도
寫 베낄 사		眞 참 진	▶	사진

한자 쓰기 연습				단어 쓰기 연습
試 시험 시		驗 시험 험	▶	시험
競 다툴 경		爭 다툴 쟁	▶	경쟁
負 질 부		擔 멜 담	▶	부담
惡 악할 악		黨 무리 당	▶	악당
警 깨우칠 경		察 살필 찰	▶	경찰

문제 풀면서 복습

1 주어진 뜻과 음에 일치하는 한자를 찾아 알맞은 기호를 표시하세요.

지경 경 ◯

인도할 도 ☆

다툴 쟁 ☐

참 진 ◇

살필 찰 △

競　　察
導　眞　境
警　　止
爭

2 주어진 뜻과 한자를 연결하고 한자에 맞는 음을 쓰세요.

돕다 ·　　　　　· 擔 ⇨

머무르다 ·　　　　· 護 ⇨

끌다 ·　　　　　· 停 ⇨

메다 ·　　　　　· 寫 ⇨

베끼다 ·　　　　· 引 ⇨

3 주어진 뜻과 어울리는 한자어에 O 표시하세요.

1) 의무나 책임을 짐.

負擔 / 寫眞

2) 같은 목적을 두고 서로 이기려고 겨룸.

競爭 / 試驗

3) 지역이나 사물이 일정한 기준에 의해 구분되는 한계.

境界 / 警察

4 다음 글을 읽고 주어진 한자가 각각 몇 번 나왔는지 그 횟수를 쓰세요.

오늘은 옆 반과 축구 시합이 있는 날이다.

경기 시작 전에 담임 선생님은 우리에게

너무 부담 가지지 말라고 하셨다.

상대팀 선수가 반칙으로 경고를 받았다.

우리는 승부차기 끝에 경기에서 승리했다.

試 ·····◯

競 ·····◯

擔 ·····◯

負 ·····◯

警 ·····◯

告 ·····◯

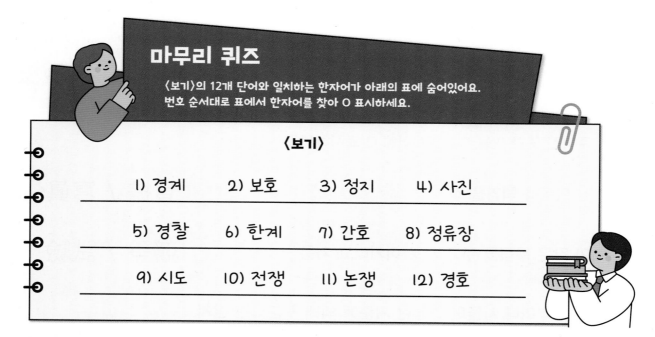

마무리 퀴즈

〈보기〉의 12개 단어와 일치하는 한자어가 아래의 표에 숨어있어요.
번호 순서대로 표에서 한자어를 찾아 O 표시하세요.

〈보기〉

1) 경계	2) 보호	3) 정지	4) 사진
5) 경찰	6) 한계	7) 간호	8) 정류장
9) 시도	10) 전쟁	11) 논쟁	12) 경호

競	停	論	戰	惡	政
指	止	留	爭	試	黨
導	入	省	場	圖	善
看	警	察	當	限	防
保	護	告	境	界	走
實	驗	擔	任	寫	眞

51~60

이번 장에서 배울 내용입니다.
한자의 뜻과 음을 보고
단어의 의미를 유추해보세요.

提 案
끌 제 　책상 안

貧 富
가난할 빈 　부유할 부

應 援
응할 응 　도울 원

感 謝
느낄 감 　사례할 사

祝 祭
빌 축 　제사 제

指 示
가리킬 지 　보일 시

救 助
구원할 구 　도울 조

恩 惠
은혜 은 　은혜 혜

歡 呼
기쁠 환 　부를 호

寶 石
보배 보 　돌 석

제안

提 案

끌 제

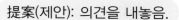

책상 안

提案(제안): 의견을 내놓음.

| 획순 | 一 十 才 才 扌 扫 拐 押 捍 捍 捍 捍 提 提 | | | 부수 | 扌 |

| 提 | 提 | 提 | 提 | 提 |

| 획순 | 丶 丶 宀 宀 宀 安 安 安 宰 案 案 | | | 부수 | 木 |

| 案 | 案 | 案 | 案 | 案 |

어휘력 提와 案이 포함된 단어는 또 무엇이 있을까요?

날 출
提 出

제출: 의견이나
문서 등을 냄.

안 내
案 内

안내: 내용을 소개하거나
알려줌.

提 案

앞 전
前 提

전제: 어떤 일을 이루기
위해 먼저 내세우는 것.

모 **방**/본뜰 **방**
方 案

방안: 일을 처리하거나
해결하기 위한 방법.

문해력 提와 案이 포함된 단어는 문장에서 어떻게 쓰일까요?

선생님은 우리에게 숙제를 내일까지 <u>提出</u>하라고 하셨다.

비행기가 착륙하자 목적지에 도착했다는 <u>案内</u> 방송이 나왔다.

52 지시

指 示

가리킬 지　　　　　보일 시

指示(지시): 가리켜 보임. 또는 어떤 일을 일러서 시킴.

획순 一 十 扌 扩 抃 指 指 指　**부수** 扌

指	指	指	指	指

획순 一 二 干 示 示　　　　　　**부수** 示

示	示	示	示	示

어휘력 指와 示가 포함된 단어는 또 무엇이 있을까요?

정할 **정**

指 定

지정: 가리켜 정함.

끌 **제**

提 示

제시: 어떤 뜻이나 생각을
말이나 글로 나타내 보임.

指 示

휘두를 **휘**

指 揮

지휘: 단체를 이끌고 다스림.
또는 노래나 연주가 조화를 이루도록
앞에서 이끄는 일.

어두울 **암**

暗 示

암시: 드러내지 않고
간접적으로 알림.

문해력 指와 示가 포함된 단어는 문장에서 어떻게 쓰일까요?

극장 직원은 관객들에게 **指定** 좌석에 앉아 달라고 하였다.

나는 학생 할인을 받기 위해 매표소 직원에게 학생증을 **提示**하였다.

貧 富

가난할 빈   부유할 부

貧富(빈부): 가난함과 부유함.

획순 ㆍ ㅅ 分 分 分 分 分 谷 谷 谷 貧 貧   부수 貝

貧	貧	貧	貧	貧

획순 ㆍ ㆍ 宀 宀 宀 宀 宁 宫 宫 宫 宫 富 富   부수 宀

富	富	富	富	富

어휘력 貧과 富가 포함된 단어는 또 무엇이 있을까요?

편안 **안**　　　즐길 **락(낙)**　　길 **도**

安 貧 樂 道

안빈낙도: 가난하지만 편안한 마음으로
도를 즐겨 지키며 삶.

놈 **자**

富 者

부자: 재산이 많고
부유한 사람.

貧 富

곤할 **곤**

貧 困

빈곤: 가난하고 살기
어려움.

귀할 **귀**　　영화 **영**　　빛날 **화**

富 貴 榮 華

부귀영화: 부귀(富貴)와 영화(榮華)를 이르는 말로,
재산이 많고 지위가 높으며 귀하게 되어
이름이 세상에 빛남을 의미함.

문해력 貧과 富가 포함된 단어는 문장에서 어떻게 쓰일까요?

그는 **貧困**한 상황에서도 그림에 대한 열정을 버리지 않은 화가이다.

그는 재산이 많은 **富者**이지만 검소하다.

救 助

구원할 구   도울 조

救助(구조): 재난 등으로 어려움에 처한 사람들을 구해 줌.

| 획순 | 一 丁 ナ 十 才 求 求 求 求 求 救 救 | 부수 | 攵 |

| 救 | 救 | 救 | 救 | 救 |

| 획순 | 丨 冂 冂 月 月 且 助 助 | | 부수 | 力 |

| 助 | 助 | 助 | 助 | 助 |

어휘력 救와 助가 포함된 단어는 또 무엇이 있을까요?

건널 **제**

救 濟

구제: 자연적이거나 사회적인 피해로 어려운 상황에 있는 사람들을 도와줌.

말씀 **언**

助 言

조언: 도움을 주는 말.

救 助

도울 **호**

救 護

구호: 재난 등으로 어려운 상황에 처한 사람들을 도와서 보호함.

손 **수**

助 手

조수: 책임자의 지도를 받으며 그 일을 도와주는 사람.

문해력 救와 助가 포함된 단어는 문장에서 어떻게 쓰일까요?

여름철 장마로 홍수 피해를 입은 지역에 많은 <u>救護</u> 단체들이 <u>救護</u> 물품을 보내주었다.

의사는 채소와 과일을 많이 먹는 것이 좋다고 환자에게 <u>助言</u>했다.

응원

應援

응할 응   도울 원

應援(응원): 운동 경기 등에서 선수들이 이길 수 있도록 격려하고 도와주는 일. 또는 하는 일이 잘 되도록 격려하고 호응하며 도와줌.

획순 `ㆍ 亠 广 广 广 庐 庐 庐 庐 庐 庐 庐 雁 雁 雁 應 應 應   부수 心

應	應	應	應	應

획순 一 ㆈ 扌 扌 扩 扩 扩 扩 护 护 拐 援   부수 扌

援	援	援	援	援

어휘력 應과 援이 포함된 단어는 또 무엇이 있을까요?

쓸 **용**

應用

응용: 이론이나 지식을 다른 것에 적용하여 이용함.

지탱할 **지**

支援

지원: 지지하여 도움.

應援

인할 **인** 실과 **과** 갚을 **보**

因果應報

인과응보: 원인과 결과는 서로 물고 물린다는 뜻으로, 자신이 행한 대로 대가를 받음을 의미함.

뒤 **후**

後援

후원: 뒤에서 도와줌.

문해력 應과 援이 포함된 단어는 문장에서 어떻게 쓰일까요?

경기장의 관중들이 우리나라 선수들을 열심히 <u>應援</u>한다.

선생님은 수학의 기본 개념과 원리를 알면 <u>應用</u>문제도 쉽게 풀 수 있다고 하셨다.

恩 惠

은혜 은   은혜 혜

恩惠(은혜): 다른 사람에게서 받는 고마운 혜택.

획순 丨 冂 冂 冈 因 因 恩 恩 恩   **부수** 心

恩	恩	恩	恩	恩

획순 一 厂 厅 厅 百 車 車 車 叀 惠 惠 惠   **부수** 心

惠	惠	惠	惠

어휘력 恩과 惠가 포함된 단어는 또 무엇이 있을까요?

등 **배**   잊을 **망**   클 **덕**

背 恩 忘 德

배은망덕: 다른 사람에게 입은 은덕을 잊고 배신함.

받을 **수**

受 惠

수혜: 혜택을 받음.

恩 惠

맺을 **결**   풀 **초**   갚을 **보**

結 草 報 恩

결초보은: 풀을 묶어서 은혜를 갚는다는 뜻으로,
죽어서도 잊지 않고 은혜를 갚음을 이르는 말.

못 **택**

惠 澤

혜택: 은혜(恩惠)와 덕택(德澤).
또는 자연이나 사회 등이 사람에게
주는 이로움이나 이익.

문해력 恩과 惠가 포함된 단어는 문장에서 어떻게 쓰일까요?

어버이날을 맞아 나는 부모님의 **恩惠**에 감사드리는 편지를 썼다.

그는 장학금 **受惠** 대상자이다.

感 謝

느낄 감   사례할 사

感謝(감사): 고마움을 표현하는 인사. 또는 고맙게 여김.

획순	ノ 厂 厂 厂 厂 后 后 咸 咸 咸 咸 感 感 感	부수	心

感	感	感	感	感

획순	` 二 十 言 言 言 言 言 訳 訳 訳 謝 謝 謝 謝	부수	言

謝	謝	謝	謝	謝

어휘력 感과 謝가 포함된 단어는 또 무엇이 있을까요?

깨달을 **각**

感覺

감각: 신체 기관을 통해 어떤 자극을 알아차림.

지날 **과**

謝過

사과: 잘못을 인정하고 용서를 구함.

感 謝

격할 **격**

感激

감격: 마음으로 깊이 느껴 감정이 북받쳐 일어남.

허물 **죄**

謝罪

사죄: 저지른 죄에 대하여 용서를 구함.

문해력 感과 謝가 포함된 단어는 문장에서 어떻게 쓰일까요?

그는 대회에서 우승한 후 **感激**의 눈물을 흘렸다.

그는 자신의 잘못을 인정하고 **謝過**했다.

58 환호

歡 呼

기쁠 환　　　　　　　　부를 호

歡呼(환호): 기뻐서 소리를 지름.

획순　一 十 卝 艹 艹 苎 茾 萉 萉 莔 莔 萉 萉 藿 藿 藿 歡 歡　부수 欠

歡	歡	歡	歡	歡

획순　丨 冂 卩 口 叮 吖 吩 呼　부수 口

呼	呼	呼	呼	呼

어휘력 歡과 呼가 포함된 단어는 또 무엇이 있을까요?

맞을 **영**

歡 迎

환영: 오는 사람을 기쁘게 맞음.

마실 **흡**

呼 吸

호흡: 숨을 들이쉬고 내쉼.

歡 呼

기다릴 **대**

歡 待

환대: 반갑게 맞아 대접함.

응할 **응**

呼 應

호응: 부름에 응답함.

문해력 歡과 呼가 포함된 단어는 문장에서 어떻게 쓰일까요?

가수가 무대에 등장하자 관객들이 **歡呼**했다.

우리는 체육시간에 인공**呼吸**하는 법을 배웠다.

축제

祝 祭

빌 축

제사 제

祝祭(축제): 축하하여 벌이는 행사.

획순 `＾ ＾ ｢ ｢ ｢ ｆ ｆ ｆ 示 示` 祝

부수 示

祝	祝	祝	祝	祝

획순 `ﾉ ｸ ﾀ ﾀ ﾀ ﾀ ﾀ ﾀ ﾀ 祭 祭 祭` 祭

부수 示

祭	祭	祭	祭

어휘력 祝과 祭가 포함된 단어는 또 무엇이 있을까요?

복 **복**

祝 福

축복: 다른 사람의 행복을 빌거나 다른 사람의 일을 기뻐하며 축하함.

물건 **물**

祭 物

제물: 제사에 쓰는 음식이나 제사에 바치는 물건.

祝 祭

경사 **경**

慶 祝

경축: 경사로 여겨 기뻐하고 축하함.

제사 **사**

祭 祀

제사: 신령에게 음식을 바치며 기원을 드리거나 음식을 차려 놓고 정성을 나타내며 죽은 사람을 추모하는 의식.

문해력 祝과 祭가 포함된 단어는 문장에서 어떻게 쓰일까요?

한강 공원에서는 해마다 불꽃 <u>祝祭</u>가 개최된다.

많은 사람들이 두 사람의 결혼을 <u>祝福</u>해주었다.

157

寶 石

보배 보 　　　　 돌 석

寶石(보석): 빛깔과 광택이 아름답고 희귀한 광물.

획순 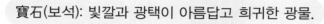 **부수** 宀

寶	寶	寶	寶	寶

획순 一 ナ オ 石 石 　　　　 **부수** 石

石	石	石	石	石

어휘력 寶와 石이 포함된 단어는 또 무엇이 있을까요?

물건 **물**

寶 物

보물: 진귀하고 가치가 있는 물건.

숯 **탄**

石 炭

석탄: 오래 전에 식물질이 깊은 땅 속에 묻혀 열과 압력을 받아 분해되서 생긴 광물질.

寶 石

나라 **국**

國 寶

국보: 국가의 귀하고 소중한 물건. 또는 국가에서 지정한 문화재.

아래 **하**　　윗 **상**　대 **대**

下 石 上 臺

하석상대: 아랫돌 빼서 윗돌 괴고 윗돌 빼서 아랫돌 괸다는 뜻으로, 임시로 둘러 맞춰 일을 처리하는 것을 의미함.

문해력 寶와 石이 포함된 단어는 문장에서 어떻게 쓰일까요?

다이아몬드는 다른 <u>寶石</u>들에 비해 가격이 비싸다.

숭례문은 우리나라 <u>國寶</u>이다.

따라 쓰면서 복습

한자 쓰기 연습				단어 쓰기 연습
提		案	▶	
끌 제		책상 안		제안
指		示	▶	
가리킬 지		보일 시		지시
貧		富	▶	
가난할 빈		부유할 부		빈부
救		助	▶	
구원할 구		도울 조		구조
應		援	▶	
응할 응		도울 원		응원

한자 쓰기 연습				단어 쓰기 연습
恩 은혜 은		惠 은혜 혜	▶	은혜
感 느낄 감		謝 사례할 사	▶	감사
歡 기쁠 환		呼 부를 호	▶	환호
祝 빌 축		祭 제사 제	▶	축제
寶 보배 보		石 돌 석	▶	보석

1 주어진 뜻과 음에 일치하는 한자를 찾아 알맞은 기호를 표시하세요.

끌 제 ○

부유할 부 ☆

기쁠 환 □

빌 축 ◇

보배 보 △

富 　 示

惠 　 祝

貧 　 提

寶 　 歡

2 주어진 뜻과 한자를 연결하고 한자에 맞는 음을 쓰세요.

돕다 ·　　　　　 · 呼 ⇨

사례하다 ·　　　　 · 援 ⇨

가리키다 ·　　　　 · 謝 ⇨

부르다 ·　　　　　 · 祭 ⇨

제사 ·　　　　　　 · 指 ⇨

3 주어진 뜻과 어울리는 한자어에 O 표시하세요.

1) 운동 경기 등에서 선수들이 이길 수 있도록 격려하고 도와주는 일.

恩惠 / 應援

2) 고마움을 표현하는 인사. 또는 고맙게 여김.

指示 / 感謝

3) 재난 등으로 어려움에 처한 사람들을 구해 줌.

救助 / 提案

4 다음 글을 읽고 주어진 한자가 각각 몇 번 나왔는지 그 횟수를 쓰세요.

텔레비전에서 여름철 장마로 홍수 피해를 입은

사람들을 구조했다는 뉴스를 보았다.

여러 구호 단체들이 피해 지역에 구호 물품을 지원해

주었다. 도움 받은 사람들은 구호 물품 지원에

감사드린다고 하였다.

나는 친구와 함께 홍수 피해 지역으로 봉사활동을

가기로 했다.

救 ·····

助 ·····

護 ·····

支 ·····

援 ·····

謝 ·····

마무리 퀴즈

〈보기〉의 12개 단어와 일치하는 한자어가 아래의 표에 숨어있어요.
번호 순서대로 표에서 한자어를 찾아 O 표시하세요.

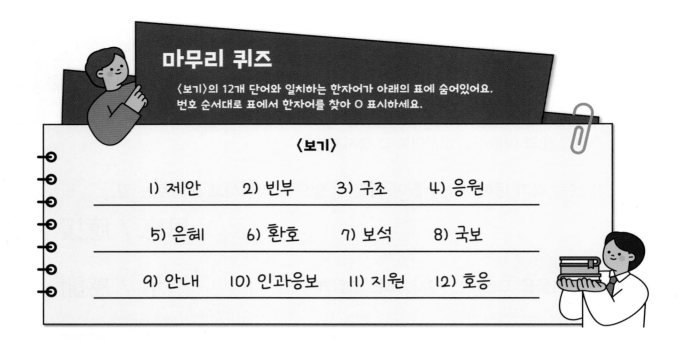

祝	祭	祀	特	提	案
救	物	慶	恩	惠	內
助	因	歡	國	寶	暗
感	謝	果	呼	石	炭
激	過	後	應	吸	臺
貧	富	支	援	報	件

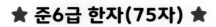

各	角	界	計	高
각각 **각**	뿔 **각**	지경 **계**	셀 **계**	높을 **고**
公	共	功	果	科
공평할 **공**	한가지 **공**/함께 **공**	공 **공**	실과 **과**	과목 **과**
光	球	今	急	短
빛 **광**	공 **구**	이제 **금**	급할 **급**	짧을 **단**
堂	代	對	圖	讀
집 **당**	대신할 **대**	대할 **대**	그림 **도**	읽을 **독**, 구절 **두**
童	等	樂	利	理
아이 **동**	무리 **등**	노래 **악**, 즐길 **락**(낙), 좋아할 **요**	이로울 **리**(이)	다스릴 **리**(이)
明	聞	半	反	班
밝을 **명**	들을 **문**	반 **반**	돌이킬 **반**/돌아올 **반**	나눌 **반**
發	放	部	分	社
필 **발**	놓을 **방**	떼 **부**	나눌 **분**	모일 **사**
書	線	雪	成	省
글 **서**	줄 **선**	눈 **설**	이룰 **성**	살필 **성**, 덜 **생**
消	術	始	身	神
사라질 **소**	재주 **술**	비로소 **시**	몸 **신**	귀신 **신**
信	新	弱	藥	業
믿을 **신**	새 **신**	약할 **약**	약 **약**	업 **업**

勇	用	運	音	飮
날랠 용	쓸 용	옮길 운	소리 음	마실 음
意	作	昨	才	戰
뜻 의	지을 작	어제 작	재주 재	싸움 전
庭	第	題	注	集
뜰 정	차례 제	제목 제	부을 주	모을 집
窓	淸	體	表	風
창 창	맑을 청	몸 체	겉 표	바람 풍
幸	現	形	和	會
다행 행	나타날 현	모양 형	화할 화	모일 회

★ 6급 한자(75자) ★

感	強	開	京	古
느낄 감	강할 강	열 개	서울 경	옛 고
苦	交	區	郡	根
쓸 고	사귈 교	구분할 구/지경 구	고을 군	뿌리 근
近	級	多	待	度
가까울 근	등급 급	많을 다	기다릴 대	법도 도, 헤아릴 탁
頭	例	禮	路	綠
머리 두	법식 례	예도 례	길 로	푸를 록
李	目	美	米	朴
오얏 리(이)/성씨 리(이)	눈 목	아름다울 미	쌀 미	성 박

番	別	病	服	本
차례 번	다를 별/나눌 별	병 병	옷 복	근본 본
使	死	席	石	速
하여금 사/부릴 사	죽을 사	자리 석	돌 석	빠를 속
孫	樹	習	勝	式
손자 손	나무 수	익힐 습	이길 승	법 식
失	愛	夜	野	陽
잃을 실	사랑 애	밤 야	들 야	볕 양
洋	言	英	永	溫
큰바다 양	말씀 언	꽃부리 영	길 영	따뜻할 온
園	遠	由	油	銀
동산 원	멀 원	말미암을 유	기름 유	은 은
醫	衣	者	章	在
의원 의	옷 의	놈 자	글 장	있을 재
定	朝	族	晝	親
정할 정	아침 조	겨레 족	낮 주	친할 친
太	通	特	合	行
클 태	통할 통	특별할 특	합할 합	다닐 행, 항렬 항
向	號	畫	黃	訓
향할 향	이름 호	그림 화, 그을 획	누를 황	가르칠 훈

초등 4 한자 마무리 테스트

[문제 1-20] 다음 밑줄 친 漢字語한자어의 讀音(독음: 읽는 소리)을 쓰세요.

〈보기〉 漢字 → 한자

[1] 그 배우는 演技를 잘합니다.

[2] 授業 시간에 친구와 떠들다가 선생님께 혼이 났습니다.

[3] 내 친구는 매사에 肯定적입니다.

[4] 매일 아침 운동하는 것은 나의 日常입니다.

[5] 태조 이성계는 조선을 建國하였습니다.

[6] 시계가 故障이 나서 시간이 맞지 않습니다.

[7] 擔任 선생님께서 출석을 부르십니다.

[8] 우리는 선생님께 숙제를 提出했습니다.

[9] 많은 사람들이 두 사람의 결혼을 祝福해주었습니다.

[10] 내 친구는 책을 많이 읽어서 博識합니다.

[11] 내 동생은 교내 그림 그리기 대회에서 일등을 하여 賞狀을 받았습니다.

[12] 그는 어려운 이웃을 도와주는 善良한 사람입니다.

[13] 우리 나라 선수가 골을 넣자 관중들이 歡呼했습니다.

[14] 그는 맡은 일을 열심히 하는 誠實한 학생입니다.

[15] 그는 편찮으신 어머니를 看護하였습니다.

[16] 신호등의 발간불은 停止하라는 신호입니다.

[17] 늦은 밤에도 가게가 營業 중입니다.

[18] 출산율 減少로 사회가 고령화되고 있습니다.

[19] 명절 連休에 여행을 가는 사람들로 공항이 북적입니다.

[20] 試驗이 얼마 남지 않아 도서관에는 공부하는 학생들이 많습니다.

[문제 21-38] 다음 漢字_{한자}의 訓(훈: 뜻)과 音(음: 소리)을 쓰세요.

〈보기〉 漢 → 한나라 한

[21] 統

[22] 援

[23] 經

[24] 達

[25] 探

[26] 警

[27] 惠

[28] 寶

[29] 程

[30] 應

[31] 炭

[32] 移

[33] 指

[34] 謝

[35] 婦

[36] 斷

[37] 務

[38] 壁

[문제 39-42] 다음 訓(훈: 뜻)과 音(음: 소리)에 맞는 漢字_{한자}를 〈보기〉에서 골라 그 번호를 쓰세요.

〈보기〉

① 確　　② 寫　　③ 案　　④ 續

[39] 책상 안

[40] 베낄 사

[41] 이을 속

[42] 굳을 확

[문제 43-44] 다음 밑줄 친 漢字語_{한자어}를 〈보기〉에서 찾아 그 번호를 쓰세요.

〈보기〉

① 助言　② 討議　③ 災害　④ 妨害

[43] 최근에 이상 기후로 인한 <u>재해</u>가 많이 발생하고 있습니다.

[44] 의사는 채소와 과일을 많이 먹는 것이 좋다고 환자에게 <u>조언</u>했습니다.

[문제 45-46] 다음 漢字한자의 상대 또는 반대되는 漢字한자를 〈보기〉에서 골라 그 번호를 쓰세요.

〈보기〉

① 黨   ② 義   ③ 富   ④ 賞

[45] (   ) ↔ 罰

[46] 貧 ↔ (   )

[문제 47-48] 다음 뜻에 맞는 漢字語한자어를 〈보기〉에서 찾아 그 번호를 쓰세요.

〈보기〉

① 競爭   ② 選擧   ③ 期限   ④ 保留

[47] 미리 어느 때까지라고 한정한 시기.

[48] 조직이나 집단의 구성원들이 대표자나 임원을 뽑는 것.

[문제 49-50] 다음 漢字한자의 진하게 표시한 획은 몇 번째 쓰는지 〈보기〉에서 찾아 그 번호를 쓰세요.

① 첫 번째   ② 두 번째
③ 세 번째   ④ 네 번째
⑤ 다섯 번째   ⑥ 여섯 번째
⑦ 일곱 번째   ⑧ 여덟 번째
⑨ 아홉 번째   ⑩ 열 번째

[49]

[50]

정답 01~10

문제 풀면서 복습

01
통달할 달 – 達
전할 전 – 傳
고칠 개 – 改
며느리 부 – 婦
연고 고 – 故

02
항상 – 常 상
막다 – 障 장
거느리다 – 統 통
빛나다 – 曜 요
어질다 – 良 량(양)

03
1) 誠實   2) 常識   3) 故鄕

04
日–2번   曜–1번   常–1번
壁–1번   達–1번   就–1번

우리 가족은 일요일(日曜日)에 다같이 등산을 간다.
동생은 항상(恒常) 가기 싫다고 떼를 쓴다.
산에는 암벽(巖壁)을 타는 사람들도 있었는데 나에게는 위험해 보였다.
산에 오를 때는 힘들지만 정상에 도달(到達)하면 성취(成就)감이 들어서 기분이 좋다.

마무리 퀴즈

1) 개량   2) 가정   3) 상식   4) 성실
5) 달성   6) 전통   7) 고향   8) 목불식정
9) 성취   10) 고장   11) 통치   12) 대통령

정답 11~20

문제 풀면서 복습

01
검사할 검 – 檢
고를 조 – 調
굳을 확 – 確
준할 준 – 準
세울 건 – 建

02
상주다 – 賞 상
치다 – 討 토
차다 – 冷 랭(냉)
갖추다 – 備 비
알다 – 認 인

03
1) 凶年   2) 決斷   3) 準備

04
査-2번   準-2번   備-3번
解-1번   討-1번   論-1번

우리 반은 어제 신라 유적지에 답사(踏查)를 다녀왔다.
나는 만일에 대비(對備)해 비상약을 준비(準備)해 갔지만 다행히 필요하지는 않았다.
유적지를 직접 방문하고 조사(調査)하니 수업 내용이 더 잘 이해(理解)되고 재미있었다.
우리는 점심으로 준비(準備)해 간 도시락을 먹으며 그날 배운 내용을 주제로 토론(討論)했다.

마무리 퀴즈

1) 건의   2) 결단   3) 준비   4) 검토
5) 상벌   6) 한랭   7) 기준   8) 검사
9) 토론   10) 검증   11) 길흉화복   12) 오한

정답 21~30

문제 풀면서 복습

01
지날 경 – 經
팔 매 – 賣
한할 한 – 限
해할 해 – 害
한도 정 – 程

02
더하다 – 增 증
절제하다 – 制 제
옮기다 – 移 이
험하다 – 險 험
다스리다 – 治 치

03
1) 災害　　　2) 探險　　　3) 政治

04
險-3번	探-1번	難-1번
豫-1번	買-1번	盡-1번

나는 이번 주말에 친구와 영화를 보기로 했다.
영화는 위험(危險)을 무릅쓰고 험난(險難)한 여행을 하는 어느 탐험(探險)가의 이야기이다.
표를 예매(豫買)하려고 했는데 영화가 인기가 많은지 이미 매진(賣盡)되었다.
아쉽지만 영화는 다음 주말에 봐야 할 것 같다.

마무리 퀴즈

1) 매매　　2) 증감　　3) 과정　　4) 제한
5) 정치　　6) 이민　　7) 탐험　　8) 치안
9) 난민　　10) 방해　　11) 기한　　12) 험난

植	民	地	危	賣	買
過	程	非	節	期	收
災	增	度	探	制	限
難	減	政	險	究	定
妨	火	治	避	難	苦
害	蟲	安	移	民	節

정답 31~40

정답 21~50

문제 풀면서 복습

01
직분 직 – 職
잇닿을 련(연) – 連
가릴 선 – 選
힘쓸 무 – 務
노래 요 – 謠

02
재주 – 藝 예
벌이다 – 羅 라(나)
잇다 – 續 속
나누다 – 配 배
펴다 – 演 연

03
1) 選擧   2) 演劇   3) 職業

04
職–2번   場–2번   務–1번
連–1번   演–1번   劇–2번

언니는 대학을 졸업하자마자 취직(就職)해서 직장(職場)에 다닌다.
언니는 가끔 업무(業務)가 많은 날은 힘들다고 했다.
이번 연휴(連休)에 나는 언니와 연극(演劇)을 보러 극장(劇場)에 갔다.
언니는 신나게 놀았더니 스트레스가 풀린다고 했다.

마무리 퀴즈

1) 직업   2) 의무   3) 연극   4) 가요
5) 선거   6) 연속   7) 극장   8) 사용
9) 연기   10) 기술   11) 선수   12) 일거양득

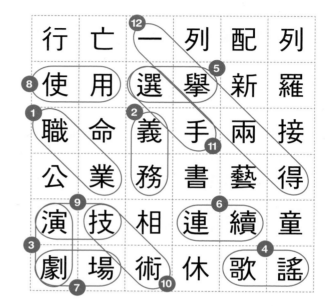

정답 41~50

문제 풀면서 복습

01
지경 경 – 境
인도할 도 – 導
다툴 쟁 – 爭
참 진 – 眞
살필 찰 – 察

02
돕다 – 護 호
머무르다 – 停 정
끌다 – 引 인
메다 – 擔 담
베끼다 – 寫 사

03
1) 負擔   2) 競爭   3) 境界

04
試-1번   競-2번   擔-2번
負-2번   警-1번   告-1번

오늘은 옆 반과 축구 시합(試合)이 있는 날이다.
경기(競技) 시작 전에 담임(擔任) 선생님은 우리에게 너무 부담(負擔) 가지지 말라고 하셨다.
상대팀 선수가 반칙으로 경고(警告)를 받았다.
우리는 승부(勝負)차기 끝에 경기(競技)에서 승리했다.

마무리 퀴즈

1) 경계   2) 보호   3) 정지   4) 사진
5) 경찰   6) 한계   7) 간호   8) 정류장
9) 시도   10) 전쟁   11) 논쟁   12) 경호

정답 51~60

문제 풀면서 복습

01
끌 제 – 提
부유할 부 – 富
기쁠 환 – 歡
빌 축 – 祝
보배 보 – 寶

02
돕다 – 援 원
사례하다 – 謝 사
가리키다 – 指 지
부르다 – 呼 호
제사 – 祭 제

03
1) 應援　　2) 感謝　　3) 救助

04
救-4번　　　助-1번　　　護-3번
支-2번　　　援-2번　　　謝-1번

> 텔레비전에서 여름철 장마로 홍수 피해를 입은 사람들을 구조(救助)했다는 뉴스를 보았다.
> 여러 구호(救護) 단체들이 피해 지역에 구호(救護) 물품을 지원(支援)해주었다.
> 도움 받은 사람들은 구호(救護) 물품 지원(支援)에 감사(感謝)드린다고 하였다.
> 나는 친구와 함께 홍수 피해 지역으로 봉사활동을 가기로 했다.

마무리 퀴즈

1) 제안　　2) 빈부　　3) 구조　　4) 응원
5) 은혜　　6) 환호　　7) 보석　　8) 국보
9) 안내　　10) 인과응보　　11) 지원　　12) 호응

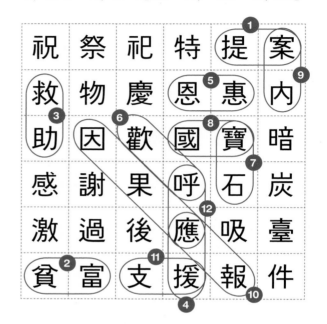

초등 4 한자 마무리 테스트

1 연기 **2** 수업 **3** 긍정 **4** 일상 **5** 건국 **6** 고장 **7** 담임 **8** 제출 **9** 축복 **10** 박식 **11** 상장 **12** 선량 **13** 환호 **14** 성실 **15** 간호 **16** 정지 **17** 영업 **18** 감소 **19** 연휴 **20** 시험 **21** 거느릴 통 **22** 도울 원 **23** 지날 경 **24** 통달할 달 **25** 찾을 탐 **26** 깨우칠 경 **27** 은혜 혜 **28** 보배 보 **29** 한도 정 **30** 응할 응 **31** 숯 탄 **32** 옮길 이 **33** 가리킬 지 **34** 사례할 사 **35** 며느리 부 **36** 끊을 단 **37** 힘쓸 무 **38** 벽 벽 **39** ③ **40** ② **41** ④ **42** ① **43** ③ **44** ① **45** ④ **46** ③ **47** ③ **48** ② **49** ⑧ **50** ⑥